Matthias Schmidt

Fritz Kreisler

Ein Theater der Erinnerung

et+k
edition text+kritik

Bibliografische Information der Deutschen Nationalbibliothek
Die Deutsche Nationalbibliothek verzeichnet diese Publikation in der Deutschen Nationalbibliografie; detaillierte bibliografische Daten sind im Internet über www.dnb.de abrufbar.

ISBN 978-3-96707-614-1

Umschlagabbildung: Fritz Kreisler (1875–1962) with his violin, between ca. 1915 and ca. 1920, Library of Congress, 2014708654

Levelingstraße 6a, 81673 München
www.etk-muenchen.de

Satz: Olaf Mangold Text & Typo, 70374 Stuttgart
Druck und Buchbinder: Laupp & Göbel GmbH, Robert-Bosch-Straße 42, 72810 Gomaringen

Inhalt

Einleitung

Fritz Kreisler ist als einer der »Könige« unter den Instrumentalkünstlern,[1] als »der vollendete Geiger«[2] und einflussreichster Violinist der ersten Hälfte des letzten Jahrhunderts gefeiert worden.[3] Hervorgehoben wurde dabei immer wieder seine schmelzend vibratoreiche, rhythmisch freie Spielweise, die eine »Alt-Wiener« Geigentradition verlebendigt habe. Mit seinem eigentümlichen Klang hat der in Wien geborene und als Wunderkind in Paris ausgebildete, später in Berlin und New York lebende Kreisler seit 1900 weltweit Generationen von Geigern fasziniert. Er gehörte zu den wenigen Prominenten, die die Klatschspalten der Zeitungen füllen konnten und gleichzeitig für ihre künstlerischen Leistungen mit Ehrenzeichen und Preisen überhäuft wurden. Edward Elgar widmete ihm sein einziges Violinkonzert, Arnold Schönberg wollte ein Konzertstück für ihn schreiben, und zugleich war ein Massenpublikum so verzaubert von ihm, dass er zu einem internationalen Popstar der Musikkultur vor dem Zweiten Weltkrieg werden konnte.

Als würdevolles Künstlervorbild für den Marmorsockel taugte Kreisler gleichwohl nie: Er verlor aus Unachtsamkeit häufiger seine Geigen, begeisterte sich für Kartenspiele, das Kino und behände Münzentricks.[4] Er war ein Schachspieler von erstaunlichem Geschick,[5] hatte eine genussfrohe Vorliebe für Speisen und Cognac, Scotch Whisky und erstklassige Weine. Kreisler spendete immer wieder große Summen an Bedürftige, verplemperte zugleich aber sein zeitweise gewaltiges Privatvermögen durch risikoreiche Fi-

1 Harald Eggebrecht, *Große Geiger. Kreisler, Heifetz, Oistrach, Mutter, Hahn & Co.*, München – Zürich 2001, S. 141.

2 Harold C. Schonberg, »The Only One. Kreisler was the Complete Violinist«, in: *The New York Times*, 4.2.1962. Sämtliche fremdsprachigen Zitate des Buches wurden vom Autor ins Deutsche übertragen.

3 Vgl. Carl Flesch, *Erinnerungen eines Geigers*, Freiburg/Br. – Zürich 1960, S. 91.

4 Louis P. Lochner, *Fritz Kreisler*, New York 1950, hier zit. nach der deutschen Übersetzung *Fritz Kreisler*, Wien 1957, S. 299 f.

5 Vgl. ebd., S. 218.

nanzgeschäfte und Casinobesuche.[6] Und um nach einem finanziellen Rückschlag wieder zu Geld zu kommen, verarbeitete er seine Geigenhits ohne Bedenken in nostalgischen Operetten, die ihm (nach einer berühmten Wiener Konditorei) den zweifelhaften Ehrentitel eines »Demel unter den Virtuosen«[7] einbrachten.

Damit ist die Kehrseite der Verehrung angedeutet: Kreislers Ruhm hatte ein Verfallsdatum. Galt sein Geigenspiel vor 1945 als geradezu unumstritten, verdichtete sich die Kritik in den Jahrzehnten danach auf das Klischee eines Künstlers, dessen Musik als zu gemütvoll und verspielt für eine Gegenwart voll unbestechlicher Sachlichkeit befunden wurde. Die von ihren technischen Errungenschaften berückten 1950er Jahre ließen Kreisler (etwa im Vergleich mit Geigern wie Jascha Heifetz) altmodisch erscheinen. Unbehagen bereitete den Zeitgenossen dabei nicht nur Kreislers leichtsinniges Leben, sondern auch sein Markenzeichen, das unverwechselbar eindringliche Espressivo, das zunehmend als gekünstelt und sentimental empfunden wurde. Selten wurden dafür als Beweis allerdings Kreislers Einspielungen der Beethoven-Sonaten oder der großen Konzerte von Mendelssohn und Brahms in den Blick genommen, sondern vielmehr die zahllosen Aufnahmen von *Encores*, die dem Geiger Weltruhm und zugleich den Ruf eines Salonkünstlers einbrachten: *Liebesleid* und *Liebesfreud*, die *Caprice viennois* oder *Schön Rosmarin*.

Bestätigt fühlten sich die Kritiker auch durch die Eigenheit Kreislers, vor Konzerten so gut wie nie zu üben. Diese wurde ihm (vor allem in späteren Jahren) als selbstgefällige Bequemlichkeit ausgelegt. Was als Mischung aus Gemütlichkeit und Koketterie beargwöhnt wurde, hatte allerdings jahrzehntelang überwältigenden Erfolg: Zahllos sind die Berichte von der betörenden Wirkung Kreisler'scher Konzerte. Seine Gegenwart auf der Bühne muss von so fesselnder Lebendigkeit gewesen sein, dass darüber Erinnerungslücken oder Intonationsprobleme kaum ins Gewicht fielen. Man glaubte in seinem Spiel alle paar Takte ein neues Instrument zu

6 Vgl. Flesch, *Erinnerungen eines Geigers* (Anm. 3), S. 91, Lochner, *Fritz Kreisler* (Anm. 4), S. 250.

7 Ludwig Ullmann, »Fritz Kreisler greift daneben«, in: *Wiener Allgemeine Zeitung*, 11.4.1933, S. 5.

hören: ein Spiel, das alle Lehrmethoden und Stilarten – von der »Wiener« Geigenschule Joseph Böhms und der Hellmesberger-Dynastie über die »deutsche« Joseph Joachims bis zur »franko-belgischen« Eugène Ysaÿes – zugleich erklingen lassen konnte. Kreislers eigentümliches Vibrato, sein geschmeidiger Umgang mit metrischem Puls und Taktgewicht, mit Beschleunigung und Verlangsamung der ausgeschriebenen Tondauern, schienen wie aus dem Stegreif erfunden, waren aber doch höchst überlegt eingesetzt.

Kreisler hatte eine eigene Erklärung dafür, warum er das Üben mied: weil er sich dadurch eine größtmögliche geistige Frische für den Moment des Auftritts bewahren wollte. (In dieser Hinsicht glaubte er trotz seiner einzigartigen Begabung auch, jeden Tag Neues lernen zu können: »Musiker zu sein, bedeutet ständige Aufnahmebereitschaft, konstantes Lernen. Und es gibt keinen, von dem man nichts lernen könnte.«[8]) Vielleicht flogen Kreisler die Herzen des Publikums deswegen so uneingeschränkt zu, weil seine Kunst *direkt* zu berühren vermochte und darin – wie dies Olin Downes beschrieben hat – die »innewohnende Fähigkeit zur Freundschaft« besaß.[9] Downes spielt damit auf die einfühlsame Wärme und einladende Offenheit des Geigenspiels von Kreisler an. Diese »Fähigkeit« ist für die Beurteilung musikalischen Nachruhms zwar ein unsteter Begleiter: Sie beschreibt Wärme und Unmittelbarkeit der Wirkung, doch sie verblasst schnell nach dem physischen Tod des Ausführenden. Im Falle der biografischen Person sowie der Tonaufnahmen Kreislers wird diese »Fähigkeit« von Bewunderern und Kritikern allerdings auch noch Jahrzehnte später als wesentlich empfunden. Die Vitalität seiner Musik weist in jedem Moment darauf hin, dass sie nicht von einem entrückten (Halb-) Gott, sondern von einem (ganzen) Menschen stammt. Die Vielseitigkeit und die bedachte Art, mit der er angebliche Sorglosigkeiten zelebrierte, sollten als Merkmale seiner Kunst ernst genommen werden. Denn nur so ist die gängige Reaktion auf Kreislers Musik zu erklären: Hört man seine Musik, nimmt man sie leichter als sie tatsächlich ist.

8 Lochner, *Fritz Kreisler* (Anm. 4), S. 294.

9 Vgl. Olin Downes, »Kreisler nears 75«, in: *The New York Times*, 22.1.1950.

1 Ein Leben als Kunstwerk

»Thatsachen beweisen nichts. Und, wer sich an Thatsachen hält, wird nicht über sie hinaus gelangen, zum Wesen der Dinge. Ich leugne Thatsachen. Alle, ausnahmslos. Sie haben für mich keinen Wert; denn ich entziehe mich ihnen, bevor sie mich zu sich hinunterziehen können.«[10]

Erzählen

Was heute über Kreislers Lebensweg bekannt ist, stützt sich weitgehend auf zwei umfangreiche Biografien: Zum einen auf ein Buch, das der Journalist Louis Lochner 1950 (deutsch 1957) mit tatkräftiger Hilfe des Ehepaars Fritz und Harriet Kreisler zusammengetragen hat; zum anderen auf eine Studie von Amy Biancolli (1998), die durchaus kritisch mit dem Vorgänger-Buch umgeht, dabei zahlreiche Aspekte neu beleuchtet, aber auch vieles von Lochner übernimmt.[11] Die Lektüre der Biografie Lochners ist eine lehrreiche Erfahrung: Zwischen den zahllosen unterhaltsamen und treffsicher erzählten Geschichten aus Kreislers Leben gibt es nur weniges, das durch Quellen belegt ist und das Vertrauen in eine gesicherte Datenbasis stützt. Das Bild, das das Ehepaar Kreisler über sein Leben um die Mitte des letzten Jahrhunderts bekannt gemacht wissen wollte, ist mehr durch mündliche Überlieferungen als durch schriftliche Belege (wie Briefe oder Dokumente) entstanden. Vielleicht, weil vieles davon (insbesondere auch die familiäre Korrespondenz) im Zuge der Emigration verloren gegangen ist; mutmaßlich aber auch, weil Harriet Kreisler, die ihren sechs Jahre jüngeren Mann um wenige Zeit überlebte, manches von dem, was ihr unvorteilhaft er-

10 Arnold Schönberg, »Testaments Entwurf«, August 1908 (Arnold Schönberg Center, Wien, Signatur T06.08).

11 Lochner, *Fritz Kreisler* (Anm. 4), Amy Biancolli, *Fritz Kreisler. Love's Sorrow, Love's Joy*, Portland, OR 1998. Auch die aktuelle Version des *New Grove Dictionary* beruft sich noch auf deren Fehlinformationen zur Biografie.

schien, aussortiert hat: so etwa die Frage nach Kreislers jüdischer Herkunft; sein Zögern, sich 1933 deutlich von den Nationalsozialisten abzugrenzen; aber auffälligerweise auch jede weibliche Gestalt, die nicht aus der engeren Familie stammt.

»Ich habe ihn [Fritz, Anm. des Verf.] geformt. Die ganze Welt lobt das Resultat«,[12] so fasste Harriet Kreisler diese Politik selbst einmal bündig zusammen – und erinnert damit etwa an Constanze Mozarts befangenen Umgang mit den Quellen bei der Entstehung einer der großen Lebensschilderungen eines Musikers: der *Biographie W.A. Mozart's,* welche ihr Mann Georg Nikolaus Nissen (übrigens mindestens genauso befangen) 1828 verfasst hat. Das Management von Kreislers Frau und der Berliner Konzertagentur Wolff & Sachs arbeiteten seit den 1900er Jahren höchst professionell an der Kunstfigur Kreisler. Nichts durfte das wohlgeordnet entworfene Bild stören, keine vertrackte Wirklichkeit das *Image* des mustergültigen Künstlers durcheinanderbringen.

Bereits im zweiten Satz der von Kreisler autorisierten Biografie Lochners wird das »einwandfreie Festhalten« des Buches »an den Tatsachen« beschworen.[13] Für die Nachwelt stellte sich dies als Problem dar: Denn die »Tatsachen« und ihre Interpretation waren kaum mehr zu trennen, weil viele der Dokumente, die der Schrift Lochners zugrunde lagen, verloren gegangen sind oder gezielt aus dem Verkehr gezogen wurden. Daher blieb späteren biografischen Bezugnahmen auf Kreisler kaum etwas anderes übrig, als der Deutungshoheit des Blicks von 1950 zu vertrauen und dabei in Kauf zu nehmen, auch möglicherweise ungesicherte Behauptungen, etwa über Kreislers Religionszugehörigkeit oder seine Ausbildung, fortzuschreiben.[14] Hinzu kommt, dass Kreisler selbst zu einem freigiebigen Umgang mit der eigenen Vita neigte: Wenn er sich als »Concertmeister«[15] mit direkten Kontakten zum Habsburgischen

12 Harriet Kreisler, zit. nach Lochner, *Fritz Kreisler* (Anm. 4), S. 72.

13 Ebd., S. 7.

14 Vgl. hierzu Bruce R. Schueneman, »The Search for the Minor Composer: The Case of Fritz Kreisler«, in: *Music Reference Services Quarterly* 5/2 (1996), S. 25–49.

15 Vgl. die Aufschrift »An Herrn Crown Prince Otto Von Habsburg c/o Concertmeister Fritz Kreisler, Stadt Theater, Viena [sic], Austria« auf dem Umschlag von Benjamin Whelpley, *My Love Is Ever Mine,* New York 1902 (Fritz Kreisler Collection, Box 13, Folder 13, Library of Congress, Washington, DC).

Kronprinzen adressieren ließ, obwohl er regulär in keinem Orchester angestellt war, oder wenn er sich in Berliner Adressverzeichnissen »regelmäßig« als »Professor«[16] auswies, ohne je an einer Hochschule unterrichtet zu haben, oder wenn er von seiner Ausbildung an einer Jesuitenschule berichtete, die womöglich nie stattgefunden hat, könnte dies auf den ersten Blick den Verdacht der Hochstapelei erwecken.

Bei genauerem Hinsehen jedoch wird darin eine Methodik des Erzählens erkennbar, mit der der Geiger sein Leben nicht als zielgerichteten Plan, sondern als Feld endloser Möglichkeiten der Selbstdarstellung begriff. Biancolli spricht vom Autobiografen Kreisler als einem »web-spinner«:[17] Offenbar stand für ihn weniger die Wiedergabe korrekter Details im Vordergrund als die Herausforderung, in den Erinnerungen über sich einen Ton zu treffen, der seine Persönlichkeit spiegelte und seiner Gesamterscheinung entsprach. Man sollte Kreisler daher nicht vorschnell der Verschleierung von Fakten oder gar der Fälschung bezichtigen (wie es übrigens die NS-Kulturpolitik in den 1930er Jahren aus politischen Gründen tat). Vielmehr gewährt die Analyse eines solchen Vorgehens von Kreisler einen fruchtbaren Einblick in seine Denkweise, zumal jene über Musik: als Beschreibung eines aus unbeständigen Episoden zusammengesetzten Lebens – und als eine Schilderung, die sich in jedem Moment bewusst darüber zu sein scheint, dass es auch anders hätte verlaufen können.

Erinnern

Der Medienprofi Kreisler hat insbesondere zwischen 1910 und 1940 zahllose Äußerungen hinterlassen, die von Zeitungen und Zeitschriften aufgenommen und wiedergegeben wurden und im Laufe der Zeit Einblick in seinen vielseitigen Umgang mit Erinnerung gewährten. Er neigte zu geistreichen, oftmals witzigen Schilderungen charakteristischer Begebenheiten, gab diese aber zu verschiede-

16 Kreisler hat nie Schüler gehabt oder an einer akademischen Institution unterrichtet: Vgl. Albrecht Dümling, »Fritz Kreisler und der NS-Staat«, in: *musica reanimata* 100 (2020), S. 3–24, hier S. 23.

17 Biancolli, *Fritz Kreisler* (Anm. 11), S. 135.

nen Zeiten in abweichendem Wortlaut wieder. Solche Geschichten, die vorgebliche Tatsachen ausbreiten, auch wenn diese nicht verbürgt sind, lassen vor allem also Rückschlüsse darüber zu, wie Kreisler sich zu unterschiedlichen Zeiten seines Lebens selbst dargestellt wissen wollte. Von der Anekdote um das Ausprobieren einer Geige, die in einem Antiquitätengeschäft spielt und fast mit seiner Verhaftung endete, gibt es mindestens drei verschiedene Versionen Kreislers – man weiß am Ende allerdings nicht, welche davon die »echte« ist, ja noch nicht einmal, ob überhaupt eine von ihnen sich so oder eben anders ereignet hat.[18]

Das Mittel der Anekdote ist für Kreisler zweifellos ein Instrument der lebendigen Selbstdarstellung: Denn sie kann Lebensechtheit in einem ungezwungenen, vorläufigen, nur für sich selbst einstehenden Format verbürgen.[19] Dadurch erweitert sie den Spielraum für einen schöpferischen Umgang mit der eigenen Erinnerung, die glaubwürdig nur im Augenblick ihrer Darbietung sein muss. Eine Biografie Kreislers ist daher zwar genötigt, Berichte aus zweiter Hand (wie die von Lochner) zu nutzen; zugleich müsste sie aber auch deren Ungereimtheiten benennen (und damit die hilfreiche Arbeit Biancollis ergänzen). Das mitunter Unscharfe, Erfundene, Dramatisierte von Kreislers Anekdotenwelt sollte in der Möglichkeitsform wiedergegeben und zugleich an handfest Nachweisbarem gemessen werden. So könnte das von Kreisler Erinnerte auf einer Art Bühne des Wissens präsentiert werden: Es würde in Szene gesetzt, indem Fantasien und Fakten einander gegenübergestellt und das Gedächtnis Kreislers auf seine Genauigkeit und seine Absichten des Erinnerns hin überprüft würde.

Vielleicht wäre dann am Ende etwas davon erahnbar, was Milan Kundera einmal mit der alten Idee eines »Theaters der Erinnerung« wiederzubeleben suchte. Im 16. Jahrhundert gab es die Vorstellung, das gesamte mnemotechnisch gespeicherte Weltwissen könnte auf einer Theaterbühne anhand von zahllosen Einzelbildern aus dem Gedächtnis abgerufen und szenisch vorgestellt werden. Diese Idee

18 Vgl. hierzu Lochner, *Fritz Kreisler* (Anm. 4), S. 280 f.

19 Vgl. etwa *Anekdote – Biographie – Kanon. Zur Geschichtsschreibung in den schönen Künsten*, hg. von Melanie Unseld und Christian von Zimmermann, Köln u. a. 2013, insb. S. 6 ff.

blieb zwar Theorie. Doch Kundera griff die Anregung neugierig auf, solches Speicherwissen mittels bildkräftiger Inszenierungen in tatsächliche lebendige Erinnerung zurückverwandeln zu können. Kundera ging aber einen Schritt weiter: Er hatte ein »Theater der Erinnerung« vor Augen, das Geschichte szenisch vergegenwärtigen und dabei ganz bewusst als *erfundene* erkennbar machen wollte. Wie wäre es, so überlegte er, wenn direkt neben der wissenschaftlichen Erinnerung die fiktive Dichtererinnerung stünde und die Vergangenheit nicht allein so ausbreitete, wie sie war, sondern auch so, wie sie hätte gewesen sein können?[20]

Kunderas Verfahren könnte dabei helfen, einen neuartigen Zugang zum Denken Kreislers zu gewinnen: Dessen anekdotische Lebensszenen spielen in den Kulissen des biedermeierlichen »Alt-Wien«, des mondänen New York oder der *Bohème de Paris*. Jedes »Heraufholen«[21] von Erfahrungen aus der Vergangenheit zeigt, wie dabei vieles verblassen, sich verschieben oder von Späterem überlagert werden kann. Kreisler wusste, dass alles Erinnern von seinem im Wandel begriffenen Ich hervorgebracht wird: einem Ich, das unausweichlich in die Dynamiken von Vergessen und Behalten verwickelt ist.[22] Wichtig erscheint dabei, dass die erfundenen Geschichten sich im Resultat nicht wesentlich von denen unterscheiden, die tatsächlich passiert sind; dass also Kreisler selbst nichts von sich gibt, was nicht in seinem Leben wirklich hätte stattfinden können. Darin offenbart sich Wesentliches seiner Persönlichkeit.

Kreisler hat nicht nur als Geigenvirtuose, sondern auch als Operettenproduzent, Bonvivant, Börsenspekulant, Hundenarr, Glücksspieler, Gourmet und Zauberkünstler Aufmerksamkeit erregt. Vielleicht könnte der Umstand, dass er über Jahrzehnte hinweg ein Liebling von Publikum und Kritik war, damit zu tun haben, dass er eben nicht nur als Musiker, sondern auch als Person des öffentli-

20 Milan Kundera, »Das Theater der Erinnerung«, in: *Le Monde diplomatique*, 16.5.2003, vgl. unter: https://monde-diplomatique.de/artikel/!775253 [zuletzt: 4.4.2022].

21 Andreas Dorschel, »Das anwesend Abwesende: Musik und Erinnerung«, in: *Resonanzen. Vom Erinnern in der Musik*, hg. von dem., Wien 2007, S. 12–29, hier S. 13 f.

22 Vgl. Karlheinz Stierle, »Die Unverfügbarkeit der Erinnerung und das Gedächtnis der Schrift«, in: *Memoria. Vergessen und Erinnern*, hg. von Anselm Haverkamp und Renate Lachmann, München 1993, S. 117–158, hier S. 117.

chen Lebens im Konzert auftrat – und in jedem Moment aufs Neue dazu einlud, an seinem Spiel und an seinem Leben teilzuhaben. Das wichtigste Kennzeichen seines Stils jedenfalls war es, Musik der Vergangenheit so lebendig zu machen, als wäre sie ganz und gar gegenwärtig. »Wenn ich spiele«, so betonte er einmal, »bin ich meiner völlig sicher und fürchte nicht, mißverstanden zu werden. Freude, Angst, Ärger und Glück – all das kann durch das Medium der Musik aus einem Menschenherzen direkt in ein anderes projiziert werden.«[23] Sein Geigenspiel vermittelt nie den Eindruck, als Kraftakt erzeugt zu werden: Es wirkt im Gegenteil wie aufs Geratewohl und mit beiläufiger Unbeschwertheit erzeugt; es ist aber tatsächlich das Ergebnis von genauester Beobachtung und erarbeitetem Handwerk. Vital und neugierig wirkt der Ton eines Geigers, der für jeden Konzertsaal ein ganz eigenes, immer wieder neues Klangerlebnis entfalten wollte. Lebendigkeit des Erinnerns bedeutete für Kreisler, sich nie zu wiederholen. »Fritz gleicht einem Floh«, bemerkte der Freund Sergej Rachmaninow einmal, »man ist einfach nicht imstande, ihn zu fassen!«[24]

Ganz ähnlich wie seine vielstimmige Lebensgeschichte und wie der so eigentümlich elektrisierende Ton seiner Geige lassen sich auch Kreislers Kompositionen auffassen. Sie scheinen aus tausenderlei Reminiszenzen zusammengesetzt zu sein und bieten den Hörenden ein Gewimmel von Stilanleihen, die gerade durch ihr vielseitiges Mit- und Gegeneinander noch lebendig zu sprechen vermögen. Und so mag schließlich auch die Biografie des Künstlers selbst als Kunstwerk erscheinen: »Die eigene Lebensgeschichte kommt einem darum so langweilig vor«, so hat einmal Elias Canetti nicht ohne Ironie bemerkt, »weil sie nicht wirklich erfunden ist«.[25]

Dass Geschichte erzählen kann, was stattgefunden hat, ist kaum mehr als eine trügerische Hoffnung. Denn alles Erzählte hat nur *vielleicht* so stattgefunden, wie es überliefert wird. Daher sollte eine Erinnerung aber auch nicht deswegen als falsch bezeichnet werden, weil ihre Spuren als belegbare Quelle bereits verwischt wurden. Im

23 Fritz Kreisler, zit. nach Lochner, *Fritz Kreisler* (Anm. 4), S. 83.

24 Sergej Rachmaninow, zit. nach ebd., S. 221.

25 Elias Canetti, *Aufzeichnungen 1973–1984*, München 1999, S. 15.

Falle Kreislers ist er selbst es, der sich statt eines Gebäudes aus unanfechtbaren Fakten ein bewegliches Lebens-»Theater« gebaut hat. Wenn man Kreisler verstehen will, muss man den Ereignissen auf seiner Bühne zwar nicht unbedingt Glauben schenken. Aber man darf Kreislers eigenes »Theater der Erinnerung« anschaulich werden lassen.

2 Zusammengesetzte Tradition (1875–1905)

Möglichkeitssinn

Der Mann ohne Eigenschaften, Robert Musils Jahrhundertroman über die Endzeit der k.u.k-Monarchie, spielt in einem ähnlichen »Theater der Erinnerung«, wie es Kreisler für seine eigene Lebensschilderung ersonnen hat. Musil beschreibt auf vielen hundert Seiten die Tätigkeit einer allgewaltigen Wiener Einrichtung, der »Parallelaktion«, die für das Jahr 1918 das 70. Thronjubiläum von Kaiser Franz Joseph vorbereitet. Es handelt sich dabei um ein detailversessen geplantes intellektuelles, politisches und gesellschaftliches Vorhaben – das es allerdings nie gegeben hat. Als eine Sammlung von Erinnerungen, die in größter Genauigkeit zeitgeschichtliche Glaubwürdigkeit vortäuscht und zugleich beständig ironische Hinweise auf ihr Erfundensein gibt, lässt sich Musils Erzählstil insgesamt beschreiben. In der Hauptfigur Ulrich, die mit Vertretern der Diplomatie, Lustmördern oder Salonköniginnen verkehrt, wird die Wirklichkeit als planlose Abfolge einer Fülle von möglichen Ereignissen dargestellt. Gemeinschaftliche Handlungen wie die der »Parallelaktion« werden daher nicht durch einzelne Fakten, sondern erst durch Statistik glaubwürdig: »Das heißt, dass die Jahreszahlen der Kriege, die Namen der Sieger und der Besiegten, die verschiedenen politischen Initiativen sich aus einem Spiel von Variationen und Permutationen ergeben, deren Grenzen mathematisch bestimmt sind von viel tieferen Kräften«; Milan Kundera hat gerade hierin die Verbindung zwischen Musil und dem »Theater der Erinnerung« entdeckt: Das enzyklopädisch versammelte Wissen der Geschichte wird zum erfundenen Drama gemacht, gerade weil die »tieferen Kräfte« in einer anderen »Variation der Geschichte oft deutlicher zum Ausdruck kommen als in der, die sich, zufällig, ereignet hat«.[26]

26 Kundera, »Das Theater der Erinnerung« (Anm. 20).

Was sich tatsächlich, aber eben »zufällig« ereignet hat, ist also zweitrangig gegenüber dem, was hätte gewesen sein können. Ulrich ist in Wirklichkeit »ein Mann *mit* allen Eigenschaften, aber sie sind ihm gleichgültig«.[27] Das heißt, er besitzt in vielerlei Hinsicht Begabungen, weiß aber nicht viel mit ihnen anzufangen. Er verharrt in abwartender Zögerlichkeit gegenüber dem Leben: »Ein Mann ohne Eigenschaften sagt nicht Nein zum Leben, er sagt Noch nicht!«[28] Er analysiert genau die Unzulänglichkeiten im Alltag seiner Mitmenschen, möchte sich selbst jedoch zwischen der gegebenen Wirklichkeit und den vorstellbaren Möglichkeiten nicht festlegen lassen: »Wenn es aber Wirklichkeitssinn gibt, (...) dann muß es auch etwas geben, das man Möglichkeitssinn nennen kann«, sagt er einmal, »so ließe sich der Möglichkeitssinn geradezu als die Fähigkeit definieren, alles, was ebenso gut sein könnte, zu denken und das, was ist, nicht wichtiger zu nehmen als das, was nicht ist.«[29] Ulrich, der »alle von seiner Zeit begünstigten Fähigkeiten und Eigenschaften« besitzt, fehlt »die Möglichkeit ihrer Anwendung«, und er beschließt daher, »ein Jahr Urlaub von seinem Leben zu nehmen«, um eine solche Anwendungsmöglichkeit zu suchen.

Ulrich wird in Musils Roman als typische Figur seiner Epoche beschrieben. Es verwundert so kaum, dass auch Kreisler zahlreiche Ähnlichkeiten zu Ulrich erkennen lässt. Der junge Kreisler ist in vielerlei Hinsicht hochbegabt und beflügelt von der Absicht, Bedeutendes hinterlassen zu wollen. Ähnlich wie Ulrich, der sich als Mathematiker und Ingenieur versucht, bemüht sich Kreisler darum, beim Militär oder in der Medizin Erfüllung zu finden. Und ebenso wie Ulrich nimmt er sich dabei als junger Mann einen »Urlaub von seinem Leben«, um erst viele Jahre später die letztgültige Entscheidung treffen zu können, Geiger zu werden. Möglich ist ihm diese Freiheit, weil er sich zunächst auf keine soziale Rolle in der Gesellschaft festlegen lässt. Ein solcher Umstand bedeutet Belastung und Chance zugleich: Erst lange Zeit später wird – für Ulrich ebenso wie für Kreisler – das wenig zielgerichtete Leben durch Anpassung an

27 Robert Musil, *Der Mann ohne Eigenschaften*, in: ders., *Gesammelte Werke*, Bd. 1, hg. von Adolf Frisé, Hamburg 1976, S. 155 [Hervorhebung vom Autor].

28 Clarisse über Ulrich, in: ebd., S. 455.

29 Ebd., S. 16.

bestehende Machtverhältnisse gesellschaftlich erfolgreich. Eigenschaftslos in solchem Sinne wird sich Kreisler gegenüber der Religion verhalten (er pflegt ungeachtet seiner jüdischen Herkunft eine Art mystische Panreligiosität); eigenschaftslos mag auf den ersten Blick auch sein Komponieren genannt werden, das fast ausschließlich auf Stile und Tonfälle früherer Musik zurückgreift. Und eigenschaftslos erscheint anfangs auch sein Geigenspiel: als eine zusammengesetzt wirkende Mischung aus den Lehren der »Wiener«, der »deutschen« oder der »franko-belgischen« Violinschule. »Gewährenlassen!«, rät Ulrich sich selbst einmal als Lebensgrundsatz – indem er schlichtweg das annimmt, was das Leben für ihn bereithält. Genau dies wird auch der Grundsatz Kreislers werden. Kreisler in seiner mitunter theaterhaften Auffassung der Wirklichkeit und Ulrich als Bestandteil einer wirklichkeitsnahen Romanhandlung sind auf je eigene Weise beispielhafte Erscheinungen ihrer Zeit.

Erfundene Biografie

Was gängige Lebensschilderungen auf der Grundlage von Lochners Biografie über Kreislers Jugend zusammentragen, lässt sich in etwa so zusammenfassen: Kreisler wird am 2. Februar 1875 in gutbürgerlichen Verhältnissen, als Sohn eines musikliebenden Arztes, im Vierten Wiener Gemeindebezirk geboren. Schon früh zeigt sich seine Begabung fürs Geigenspiel, sodass »der kleine Fritz« 1882 am Wiener Konservatorium aufgenommen wird und zwei Jahre später sein Studium mit Auszeichnung beendet. Danach wechselt er ans Pariser *Conservatoire* und schließt auch dieses zwei Jahre später mit einer Goldmedaille ab. Als Sohn eines assimilierten Juden und einer Katholikin wird Kreisler von Kindheit an römisch-katholisch erzogen und 1887 getauft. Nach einer triumphalen Amerika-Tournee 1888/89 zieht es den »frommen Christen« ans Wiener Piaristengymnasium, wo er 1892 oder im Frühjahr 1893 die Matura macht und bei einem Ordensbruder nebenbei auch das Orgelspiel lernt. Wenig später nimmt Kreisler ein Medizinstudium an der Wiener Universität auf. In jenen Jahren lässt er das Geigenspiel nahezu gänzlich ruhen. Nach zwei Jahren (1894 oder im Frühjahr 1895) bricht er das Studium ab, um als Einjährig-Freiwilliger zum Militär zu gehen. Diese Zeit der Reife und der Aneignung eines reichen Wissens mit der Aussicht, als Arzt oder Offizier zu arbeiten, beendet 1896 endlich der Entschluss zum Musikerberuf zurückzukehren, was vom Vater froh gebilligt wird. Kreisler mietet sich in einer Gastwirtschaft am Stadtrand Wiens ein, die schon Schubert beherbergt hatte, um erneut zu üben, zu komponieren und in der Schankstube zu geigen. Hier gewinnt er seine alte Fingerfertigkeit zurück. Der heimatverwurzelte Stehgeiger beschreitet von hier aus zum zweiten Mal den Weg zum internationalen Ruhm: 1898 debütiert er mit den Wiener, ein Jahr später mit den Berliner Philharmonikern. Von jetzt an ist die einzigartige Solistenkarriere eines »Wiener Weltgeigers« vorgezeichnet.[30]

Auf solch wundersam reibungslose Weise dürfte allerdings noch nie ein wirkliches Leben verlaufen sein. Schilderungen wie diese gründen weniger auf Quellen denn auf Wunschvorstellungen oder im Nachhinein Erfundenem. Und auch hierin ähnelt Kreisler als Figur der Biografik übrigens Musils Romanfigur Ulrich: Die meisten Menschen, so betont Musil, »lieben das ordentliche Nacheinander von Tatsachen, weil es einer Notwendigkeit gleichsieht, und fühlen sich durch den Eindruck, daß ihr Leben einen ›Lauf‹ habe, irgendwie im Chaos geborgen«. Doch Kreisler wie Ulrich erkannten eines Tages, dass ein einfaches Erzählen von sich selbst nicht mehr möglich war, weil sich das Leben »in einer unendlich verwobenen Fläche ausbreitet«[31]. Kreislers tatsächliches Leben verlief jedenfalls alles andere als geradlinig. Seine Erinnerung daran verrät vielleicht aber weniger mangelnde Genauigkeit oder den Hang zum Beschönigen als eine radikale Auffassung von Wirklichkeit als unbeständiger und veränderlicher. Kreislers Erinnerungen führen (ganz im Sinne Musils) das Eigenleben eines Sinns für Möglichkeiten, der nicht einfach anerkennen will, was sich der Fantasie als angeblich unerschütterliche Realität entgegenstellt.

Unter Abzug aller Beschönigungen hat sich Kreislers Leben eher folgendermaßen gestaltet: Er wird als zweites von fünf Geschwistern in eine Umgebung hineingeboren, die tatsächlich von

30 Vgl. Kap. 1–6 in: Lochner, *Fritz Kreisler* (Anm. 4), S. 9–48.

31 Musil, *Der Mann ohne Eigenschaften* (Anm. 27), S. 665.

Musik umgeben gewesen zu sein scheint. Der Vater Dr. Samuel Kreisler ist praktischer Arzt, Magister der Geburtshilfe und ein enthusiastischer, wiewohl offenbar nicht sonderlich begabter Violinist.[32] Im Geburtsjahr zieht die Familie von der Herminengasse im Zweiten Bezirk in die Große Schiffgasse um, wo sie über ein Vierteljahrhundert leben wird. Das wohl nicht übermäßig ertragreiche Geschäft eines Hausarztes hielt Samuel Kreisler angeblich nicht davon ab, in seiner Wohnung exotische Tiere (wie Papageien und Krokodile) zu beherbergen und zu züchten, die in mit Ölbrennern geheizten Aquarien und Terrarien gehalten wurden. Die Mutter Anna wird in der offiziellen Biografie kaum je erwähnt, es sei denn im Zusammenhang mit ihrer fehlenden Musikalität, ihrer beständigen Kränklichkeit und der mitfühlenden Fürsorge für ihre Kinder. Dabei muss sie, berücksichtigt man die wenigen verbliebenen Spuren ihrer Tätigkeit, entscheidenden Anteil an der Erziehung und Förderung des Sohnes gehabt haben.

Die gängigen Biografien behaupten, Kreisler sei im Vierten Bezirk, in einer Nebenstraße der Wiedner Hauptstraße, auf die Welt gekommen. Es handelt sich um eine Gegend Wiens nahe dem Musikverein, in der auch Brahms wohnte und wo später das Johann-Strauß-Theater und ein Mozart-Brunnen gebaut wurden – eine Art Sehnsuchtsort vielleicht gerade des assimilierten jüdischen Bildungsbürgertums. Tatsache jedenfalls ist, dass der Vater erst Jahrzehnte später, nachdem Kreisler zu Geld gekommen und die Mutter gestorben war, mit seiner Tochter Ella hierhin umsiedelte. Die Familie blieb bis dahin auf der später so genannten »Mazzesinsel« beheimatet, dem Mittelpunkt des Zweiten Wiener Bezirks, deren Bewohner zur Hälfte jüdisch waren und die mit Kaffeehäusern, Theatern und Synagogen das dynamische Zentrum des jüdischen kulturellen und religiösen Lebens in Wien bildete. In den Jahren nach Kreislers Geburt entstanden in unmittelbarer Nähe zu seinem Wohnsitz verschiedene Tempel und Betsäle, aber auch jüdische Künstlertreffpunkte wie das Café Sperlhof mit seinem angeschlossenen Betraum.

Obwohl das Wort »jüdisch« in Lochners Biografie kein einziges Mal erscheint, entfaltet der Autor – offenbar unfreiwillig – Szena-

32 Vgl. Lochner, *Fritz Kreisler* (Anm. 4), S. 9.

rien des typischen jüdischen Lebens der Leopoldstadt und seiner bürgerlichen Netzwerkbildung, wenn er etwa Kreislers Erinnerungen wiedergibt, der Vater habe regelmäßig mit Carl Goldmark und Sigmund Freud Schach gespielt (Samuel war Freuds Hausarzt, die Familien unterhielten eine freundschaftliche Beziehung).[33] Zugleich leugnet Lochner aber, möglicherweise auf Geheiß des Ehepaars Kreisler hin, jede vorsätzliche Verbindung des Geigers zum Judentum und seinen sozialen Räumen. Dies führt zu manch seltsamer Unstimmigkeit: So wird zum Beispiel behauptet, Kreisler sei hin und wieder in das öffentliche Wiener Anna-Bad gegangen. Vermutlich aber liegt hier eine (bewusste oder unbewusste) Verwechslung vor. Während man von Kreislers Wohnhaus zum Anna-Bad in Währing eine knappe Stunde zu Fuß oder über eine halbe Stunde mit dem öffentlichen Verkehr benötigte, brauchte man lediglich fünf Gehminuten zum Diana-Bad im Zweiten Bezirk.

Wunderkind

Der Vater spielte angeblich in einem Amateur-Streichquartett, das Kreisler als Kind oft hören durfte. Mit vier Jahren bekam er, der sein ausnehmendes Interesse am Instrument und eine natürliche Musikalität zu erweisen begann, offenbar eine erste Miniaturgeige vom Vater. Und möglicherweise schon wenig später erhielt er bei einem Bekannten des Vaters, Jacques Auber, der als Orchestergeiger, Komponist und Musikpädagoge tätig war, Violinunterricht.[34] (Die Familie Auber stammte übrigens aus Galizien, und Jacques Bruder Salomon unterrichtete später auch Fritz' Bruder Hugo Kreisler auf dem Cello.) Es lassen sich in dieser Zeit auch erste Konzerteinsätze, etwa in Carlsbad, nachweisen.[35] Bereits mit sieben Jahren wird Kreisler für reif genug befunden, um ins Konservatorium aufgenommen zu werden. Mit dem Eintritt ins Konservatorium erhält Kreisler seine erste Geige von ernst zu nehmender Qualität: eine heute im Besitz der *Library of Congress* befindliche halbe »Thir«-Geige. Sein Lehrer

33 Vgl. Sigmund Freud, *Briefe 1873–1939*, hg. von Ernst und Lucie Freud, Frankfurt/M. 1960, S. 190.

34 Vgl. Lochner, *Fritz Kreisler* (Anm. 4), S. 13.

35 Vgl. N. N., »Carlsbad«, in: *Prager Tagblatt*, 15.8.1881, S. 8.

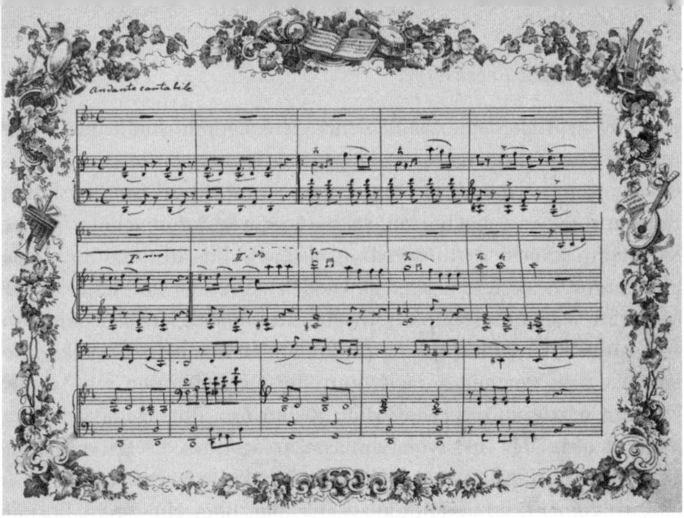

Abb. 1 Friedrich Kreisler, *Fantasie für Violine mit Klavier* (1883), Beginn

ist Joseph Hellmesberger jr., Spross einer Geiger-Dynastie aus der »Wiener« Violinschule: Kreislers Eltern wählen mit ihm einen der prominentesten Ausbilder, die in Wien zu finden sind. Die Förderung des Wunderkindes verläuft geradlinig – und unter Einsatz beträchtlicher finanzieller Mittel.

Aus jener Zeit sind erste Kompositionen Kreislers überliefert: In einer *Fantasie* für Geige und Klavier, die der Achtjährige seinem »hochverehrten« Lehrer Hellmesberger jr. (und gleichzeitig dessen Vater, dem »Director« der Anstalt, Joseph Hellmesberger sr.) »ehrfurchtsvoll« widmet, paart sich eine auf brillante Effekte zielende Salonkultur mit biederer Konservatoriumslehre – womöglich ganz in dem Sinne, wie es Hellmesberger hätte hören wollen.[36] Kreisler muss ein guter Schüler gewesen sein: Seiner Matrikel ist zu entnehmen, dass er ohne weitere Vorbereitung in die »Ausbildungsschule« des Konservatoriums eingegliedert wird. Er erhält neben dem Geigenunterricht, den er stets mit bestem Erfolg absolviert, auch Unter-

36 Fritz Kreisler, *Fantasie* (Fritz Kreisler Collection [Anm. 15], Box 1, Folder 21). Die Doppelwidmung lautet vollständig: »Fantasie für Violine mit Klavier dem hochverehrten Herrn Director k.k. Hofkapellmeister sowie dem hochverehrten Herrn Professor Joseph Hel[l]mesberger anläßlich ihres Namensfestes am 19ten März 1883 componirt und ehrfurchtsvoll gewidmet von ihrem dankbaren Schüler Friedrich Kreisler«.

weisung in Allgemeiner Musiklehre, Musikgeschichte, Klavier (bei August Sturm und Ferdinand Löwe), Harmonielehre (bei Robert Fuchs), Kammermusik, Orchesterleitung und Chorgesang.[37] Seinen Erinnerungen zufolge begleitet Kreisler die anderen Schüler seiner Klasse am Klavier, lernt die gängige Geigenliteratur aus Sicht des Pianisten kennen und kann dabei aus Fehlern oder Vorzügen seiner Mitschüler Gewinn schöpfen. Insgesamt schätzte Kreisler den Nutzen seiner Ausbildung später als nicht allzu hoch ein: So bekannte er etwa, dass vor allem das Hören von Geigengrößen wie Joseph Joachim und Pianisten wie Anton Rubinstein ihn weiter gebracht habe als jedweder Unterricht am Konservatorium.[38] Nach dreijähriger Studienzeit erhält Kreisler das Diplom künstlerischer Reife und wird mit einer Goldmedaille ausgezeichnet: Bemerkt wird dabei der »noch nie dagewesene Fall, daß ein zehnjähriger Knabe im Violinfache von der Jury einstimmig den ersten Preis erhielt«.[39] Kreisler teilt ihn sich mit drei weiteren jungen Musikern (zwei davon sind 15 Jahre alt).[40]

Nach dem Abgang vom Konservatorium 1885 erhält Kreisler eine Dreiviertel-Geige, eine Amati, und folgt der Empfehlung, zur Vervollkommnung seiner Ausbildung nach Paris zu gehen.[41] Die kränkliche Mutter begleitet ihn für die folgenden zwei Jahre ins Ausland, was sozial und finanziell ein heikles Unternehmen bedeutet. Spuren hiervon sind nur mehr verstreut nachweisbar: So erwähnt etwa Sigmund Freud im November 1885 brieflich einen von offenbar mehreren Besuchen bei Anna Kreisler anlässlich seines längeren Paris-Aufenthalts. Freud berichtet von der »furchtbar(en)« Langeweile der Mutter, die »alles für den Sohn« opfere, um schließlich zu bemerken: »und da soll man sich dann wundern, wenn die Eltern eitel auf ihre Kinder werden, noch weniger, wenn solche Kinder eitel werden.«[42] Kreislers wohnen in der Rue Bleue, ganz in

37 Vgl. die Matrikel des Conservatorium für Musik und darstellende Kunst der Gesellschaft der Musikfreunde in Wien, in: *Archiv der Gesellschaft der Musikfreunde*, Wien.

38 Vgl. Lochner, *Fritz Kreisler* (Anm. 4), S. 20.

39 N. N., »Theater- und Kunstnachrichten«, in: *Neue Freie Presse*, 16.7.1885, S. 7.

40 Vgl. N. N., »Theater- und Kunstnachrichten«, in: *Die Presse*, 21.6.1885, S. 15.

41 Vgl. Lochner, *Fritz Kreisler* (Anm. 4), S. 23 f.

42 Vgl. Freud, *Briefe* (Anm. 33), S. 190 f.

der Nähe des *Conservatoire*, ebenfalls nur zehn Gehminuten entfernt von der Großen Synagoge sowie vom *Gare de l'Est* und damit der direktesten Eisenbahnverbindung nach Wien.

Frankreich gegenüber hat sich Kreisler immer aufgeschlossen gezeigt: Er habe das Land und die Sprache von Beginn an geliebt, so bekennt der Geiger später, und es sei bald seine »geistige Heimat« geworden. Das Verhältnis zu seinen Geburts- und späteren Wohnorten fasst Kreisler im Rückblick so zusammen: Er empfinde Liebe zu Österreich, Zuneigung zu Deutschland, Treue zu Amerika – aber die größte innere Nähe zu Frankreich und Paris.[43] Kreislers Lehrer ist der damals bereits über 70-jährige Belgier Joseph Lambert Massart, der selbst noch bei Beethovens Freund Rodolphe Kreutzer studiert hatte. Massarts Schüler, von denen einige Berühmtheit erlangten (wie Pablo de Sarasate oder Henryk Wieniawski), pflegten ein ausgeprägtes Vibrato und ein damit verbundenes volltöniges Spiel. Eine ähnliche stilistische Ausrichtung verfolgte auch Kreislers späterer Mentor Eugène Ysaÿe. Aber zunächst musste er vermutlich lernen, mit einem bemerkenswerten kulturellen Unterschied zurechtzukommen: Denn obwohl sein Lehrer Hellmesberger bekannt für den »berückende(n) Wohllaut« seines Geigenklangs war, blieb in Wien auch Joseph Joachims »eher kühl(e)« Tongebung ebenso geläufig wie anerkannt, die einen wesentlich gemesseneren Umgang mit Körpergestik oder Vibrato pflegte.[44]

Nach eigenen Angaben hat Kreisler auch bei Léo Delibes Kompositionsunterricht erhalten. In Delibes' Schülerverzeichnis erscheint Kreisler allerdings in jener Zeit nicht. Möglicherweise hat sich Kreisler aber mindestens im Umfeld der Klasse aufgehalten. Delibes' stilistische Eleganz jedenfalls hat den Komponisten Kreisler gewiss beeindruckt: So dürfte er zum Beispiel Anregungen durch dessen geschmeidigen Umgang mit dem »style ancien« (etwa ersichtlich an den *Six airs de danse* aus *Le roi s'amuse*, 1882) für seine späteren *Klassischen Manuskripte* empfangen haben. Die Tradition eines geschichtsbewussten Klassizismus vereinte die meisten

43 Vgl. Lochner, *Fritz Kreisler* (Anm. 4), S. 26.

44 Carl Flesch, *The Memoirs of Carl Flesch*, hg. von Hans Keller, London 1957, S. 33

Conservatoire-Lehrer jener Jahre (von Jules Massenet über Gabriel Fauré bis zu César Franck) unter dem Schlagwort einer »ars gallica«.

Kreisler hat später zudem behauptet, als Geiger Mitglied des Orchesters von Jules Pasdeloup im *Cirque d'Hiver* gewesen zu sein, um seine Ausbildung zu finanzieren – was für einen gut Zehnjährigen, der in Begleitung seiner Mutter ist, zumindest bemerkenswert erscheint.[45] Die Zwischenzeugnisse des *Conservatoire national de Musique* von 1885 bis 1887 in der Violinklasse Massarts verraten, wie rasch sich Kreisler zur vollen Zufriedenheit seines Lehrers entwickelt.[46] Jedes Semester ist von außerordentlichen Fortschritten die Rede: Bezeichnet Massart Kreisler zu Beginn noch als »enfant«, nennt er ihn im Januar 1887 bereits einen »sérieux musicien«. Im Sommer 1887 gewinnt Kreisler die Konkurrenz mit den zumeist zehn Jahre älteren Mitschülern des Konservatoriums um den »Premier Grand Prix«, wobei in diesem »Jahr der kleinen Wunderkinder« Kreisler nicht der einzige vielversprechende Heranwachsende ist, sondern in fast jeder Klasse ein Kind in seinem Alter im Wettbewerb glänzt.[47] Als Preis erhält Kreisler eine Gand-Bernardel-Geige: Später erinnert er sich, dass das Instrument (als gängiges Geschenk für einen »Grand-Prix«-Gewinner) einen unangenehm scharfen Ton gehabt habe.[48] Entsprechend nutzt er sie nicht lang.

Nach dem Studium bei Massart wurde Kreisler nicht mehr regelmäßig unterrichtet, was ihm aus der Erinnerung allerdings als Vorteil erschien:

> »Ich hatte (...) einen untrüglichen Sinn dafür, was richtig war, und ich erkannte in jedem großen Künstler einen Lehrer. So bereicherte ich mich, wo immer es möglich war, durch kostbare Eindrücke und wurde mit der Zeit zum Schüler nicht nur aller gefeierten Virtuosen, sondern auch aller gewaltigen Geister des Schrifttums.«[49]

45 Vgl. ders., *Erinnerungen eines Geigers* (Anm. 3), S. 27.

46 Vgl. die Berichte in: *Conservatoire national supérieur de musique. Registres de rapports* (Cotes: AJ/37/290, 16, 37, 56 und 79).

47 N. N., »Consevatorie nationale de musique et de déclamation. Distribution des prix: Année scolaire 1886–1887«, in: *Le Ménestrel*, 7.8.1887, S. 281–287.

48 Vgl. Lochner, *Fritz Kreisler* (Anm. 4), S. 29.

49 Fritz Kreisler, zit. nach ebd.

Kreisler hat später zwar immer wieder die Unabhängigkeit seiner Entwicklung gegenüber den akademischen Lehrern hervorgehoben. Eine solche muss er sich allerdings in den folgenden Jahren erst hart erkämpfen.

Bald darauf wird eine USA-Tournee mit dem renommierten Pianisten Moriz Rosenthal vereinbart. Eigentlich handelt es sich bei den etwa 50 geplanten Konzerten um Klavierkonzerte, bei denen Kreisler sozusagen als reizvolles Ergänzungsprogramm auftreten soll. Die Mutter kann aus gesundheitlichen Gründen nicht mehr mitkommen, und Kreislers Wohlergehen wird Rosenthals Management überantwortet. Zur Abreise auf die Tournee kauft Samuel Kreisler seinem Sohn offenbar eine deutlich teurere Geige, eine Grancino, die ihm besser als die Gand-Bernardel liegt und die er in den folgenden acht Jahren als »mein(en) ergebene(n) Freund« betrachtet.[50] Kreisler ist von Herbst 1888 bis Mai 1889 unterwegs. Die Reiseroute verläuft von Wien über München nach Norddeutschland, worauf eine drei Wochen lange Atlantik-Überfahrt folgt. In New York wohnt man im neuen repräsentativen *Oriental Hotel* in Manhattan Beach. Kreisler äußert sich in der Erinnerung überwältigt von den Eindrücken der Stadt.[51] Er nutzt angeblich die Zeit, um Sprachen zu studieren und zu lesen. Das Urteil der Kritik über Kreislers Auftritte ist durchweg gemischt; auch ist die Tournee kaum mit einem größeren finanziellen Verdienst verbunden. Sie erweitert seinen Erfahrungshorizont aber beträchtlich.

Bildung

Einem zeitgenössischen Bericht zufolge[52] kommt Kreisler nach der Tournee noch einmal nach Paris zurück und setzt sein Studium bei Massart 1889 ein Jahr lang privat fort; vermutlich aber ohne dort länger zu leben, denn er konzertiert im Spätwinter des folgenden Jahres mehrfach (etwa im Februar und März 1890) in Wien. Kreislers spätere Behauptung, von 1890 bis 1892 erneut in Paris gelebt

50 Fritz Kreisler, zit. nach ebd., S. 30.

51 Vgl. ebd., S. 31.

52 Vgl. Gustav Kühle, »Fritz Kreisler«, in: *Österreichische Musik- und Theaterzeitung*, 15.4.1890, S. 1–4, hier S. 2.

und studiert zu haben, stimmt so kaum mit den anderen verbürgten biografischen Daten überein. Kreisler bekennt in jener Zeit selbst, sich vor allem mit dem Komponieren, dem Studium der Naturwissenschaften und dem Erlernen von Sprachen beschäftigt zu haben.[53] Angeblich drängen nun die Eltern nicht zuletzt angesichts einer unsicheren Zukunftsperspektive darauf, dass der Sohn ein geregeltes Bildungsziel anstreben müsse.

Als fixer Bestandteil des biografischen Wissens zu Kreisler gilt die Tatsache, dass er 1889 ans k. k. Josefstädter Ober-Gymnasium, das sogenannte Piaristengymnasium im Achten Bezirk hinter dem Rathaus, gegangen sei und mit 17 Jahren seine Matura bestanden habe.[54] Die ehemalige Ordensschule war seit 1875 eine staatliche Einrichtung, deren hoher Anteil assimilationsbereiter jüdischer Schüler gerade auf ihren Ruf als Hort katholisch-bürgerlicher Werte zurückzuführen ist.[55] Doch der Name Kreisler findet sich in den Berichten für die Schuljahre 1885/86 bis 1895/96 nicht (auch nicht unter den externen Schülern).[56] Das angesichts des Wohnorts seiner Eltern näher liegende Leopoldstädter Communal-Real- und Obergymnasium hat Kreisler ebenfalls zwischen 1890 und 1894 nicht besucht (hier gingen etwa drei Viertel jüdische und ein Viertel römisch-katholisch getaufte Kinder zur Schule).[57] Und auch an der k. k. Oberrealschule im Zweiten Bezirk, die der fußläufig entfernt wohnende, ein Jahr ältere Arnold Schönberg besuchte, hat Kreisler nicht gelernt.[58] Es kann mithin nicht ausgeschlossen werden, dass

53 Ebd.

54 Vgl. Biancolli, *Fritz Kreisler* (Anm. 11), S. 45 und 337, sowie Lochner, *Fritz Kreisler* (Anm. 4), S. 35.

55 In den Maturaklassen war zu jener Zeit etwa 30 Prozent der Schüler jüdischer Herkunft, evangelisch waren etwa 5 Prozent.

56 Vgl. die entsprechenden Jahresberichte über das »k. k. Staats-Gymnasium im VIII. Bezirke Wiens«, Wien 1885–1896.

57 Vgl. die Jahresberichte des Leopoldstädter Communal-Real- und Obergymnasiums, Wien 1890–1894.

58 Vgl. die entsprechenden Jahresberichte der »k. k. Oberrealschule in dem II. Bezirke« (inkl. der »Tabelle der Abiturienten«), Wien 1890–1893. Im Jahrgang 1892/93 wird übrigens erwähnt, dass »ein außerordentlicher Schüler« die Prüfung angetreten habe, danach jedoch »zum zweitenmale auf unbestimmte Zeit reprobiert« wurde. Dieser Schüler wird in späteren Jahrgängen nicht mehr erwähnt.

Kreisler seine Matura-Ausbildung nie regulär beendet hat. Beim Militär wird er später angeben, »privat« am Gymnasium »studiert« zu haben.[59] Ein Zwischen- oder Abschlusszeugnis hierfür hat sich allerdings nicht erhalten. Möglicherweise ist seine spätere Vorliebe für erlesene Bücher, die er als gutverdienender Künstler – völlig ungeachtet ihres Preises – erwarb, auch eine Art Ersatzhandlung für die entgangenen Bildungserfolge gewesen. Aus der Erinnerung schrieb er:

> »Ich hatte schon immer ein großes Verlangen nach Wissen. Ich wollte schon immer Medizin, Wissenschaft, Geschichte und Gott weiß was studieren. Ich war schon immer ein Student, aber ich habe bald entdeckt, dass man kein Tausendsassa sein kann, und musste mich schließlich auf meine Musik konzentrieren, wenn ich es so machen wollte, wie ich es wollte.«[60]

Zwei erhaltene Briefe an Kreislers früheren Lehrer Massart von 1890 und 1891 geben einen der seltenen Einblicke in seine tatsächlichen Lebensumstände. Kreisler bekennt nicht ohne Ergriffenheit, dass er »der schlichten und einfachen Wahrheit« Tribut zolle, den ehemaligen Lehrer »als den Begründer meines Könnens zu lieben«.[61] Abgesendet wird der Brief von der elterlichen Wohnung, wo der fast 16-jährige Kreisler wieder lebt. Im zweiten Brief schreibt er über seine aktuelle Tätigkeit: »Was mich betrifft, so habe ich mich in Wien zur Ruhe gesetzt, um mein Studium für eine Prüfung abzuschließen, die dem Abitur ähnelt, eine Art Freiwilligenarbeit für den Militärdienst, die eine perfekte Kenntnis der Wissenschaften voraussetzt.« Er werde bald von sich reden machen, damit Massart stolz auf ihn sein könne. Und Kreisler fügt (nicht gerade bescheiden) hinzu: »Die Erfolge, die ich bisher erreicht habe, werden neben diesen gigantischen Erfolgen, die ich haben werde, nichts als Zwerge

59 Vgl. Oliver Rathkolb, »Friedrich ›Fritz‹ Max Kreisler – vom Reserveoffizier zum Chronisten des totalen Krieges 1914«, in: Fritz Kreisler, *Trotz des Tosens der Kanone. Frontbericht eines Virtuosen*, hg. von Clemens Hellsberg und Oliver Rathkolb, Wien 2015, S. 20–27, hier S. 22.

60 Fritz Kreisler, zit. nach William L. Stidger, *The Human Side of Greatness*, New York – London 1940, S. 76 f.

61 Vgl. Brief von Kreisler an Massart vom 31.12.1890, in: Zdenko Silvela, *A new history of violin playing*, USA 2001, S. 156.

sein«.[62] Kreislers Wunsch, Massart zu beeindrucken, der Überschwang im Hinblick auf seine Zukunft als Geiger und die gleichzeitig nur vagen Äußerungen zu seiner aktuellen Bildungstätigkeit, verraten immerhin deutlich, dass er selbst an der Idee festhält, die Violine als seinen vorrangigen Lebensinhalt zu betrachten.

Dass Kreisler an der Universität Wien Medizin studiert habe, behaupten sowohl sein erster Biograf[63] als auch er selbst.[64] Dafür werden Kronzeugen benannt und Einzelheiten (wie etwa die Begegnung mit dem berühmten Chirurgen und Brahms-Freund Theodor Billroth) herangezogen, auch wenn der Geiger an anderer Stelle einmal selbst einräumte, während der Studienzeit »zumeist in einem Kaffeehaus« gesessen zu haben.[65] Kreisler war tatsächlich aber nie an der Wiener Universität inskribiert.[66] Während des angeblichen Medizinstudiums lassen sich vielmehr zahlreiche andere Aktivitäten beobachten, die kaum dafür sprechen, dass Kreisler das Geigenspiel ruhen ließ. So nahm er zum Beispiel im März und April 1895 an einer Mittelmeerkreuzfahrt auf dem Lloyd-Dampfer *Argo* teil, zu der Wilhelm von Gutmann, Unternehmer, Philanthrop und früherer Präsident der Israelitischen Kultusgemeinde, eingeladen hatte, bei der auch Hanslick und Hellmesberger zu den Gästen zählten und Kreisler musizierte.[67] Die Fahrt nach Konstantinopel hat der Geiger später zudem mit verschiedenen Anekdoten garniert, die aus den morgenländischen Erzählungen von *Tausendundeine Nacht* stammen könnten.

Seinen Militärdienst leistete Kreisler vermutlich mindestens zwischen 1895 und 1896, wie damals in der gehobeneren Gesellschaft üblich, als Einjährig-Freiwilliger. Wer sich zu dieser Art des Dienstes meldete, entging der dreijährigen »Allgemeinen Wehrpflicht«. Verbunden war hiermit das Ausbildungsangebot zum Leutnant der Reserve, die mit weiteren jährlich verpflichtenden

62 Vgl. Brief von Kreisler an Massart vom 13.2.1891, in: ebd., S. 223.

63 Vgl. Lochner, *Fritz Kreisler* (Anm. 4), S. 35 f.

64 »I studied medicine for about two years«, in: Fritz Kreisler, »Music and Life«, in: *The Mentor* 9/11 (1921), S. 7.

65 Vgl. Lochner, *Fritz Kreisler* (Anm. 4), S. 36.

66 Laut Auskunft von Herrn Thomas Maisel (Archiv der Universität Wien).

67 Vgl. N. N., »Wiener in Konstantinopel«, in: *Neue Freie Presse*, 13.4.1895, S. 5.

Waffenübungen von sechs bis acht Wochen einherging. Kreisler kam zum k.k. Landwehr-Infanterieregiment Nr. 1. Er schildert den Dienst als Gelegenheit zur körperlichen Ertüchtigung zwischen Kräftemessen und Geselligkeit und der Möglichkeit, verschiedentlich als Geiger und Pianist glänzen zu können.[68] (Zu einem späteren Zeitpunkt hat Kreisler übrigens selbst bemerkt, er habe zwei Jahre Militärdienst geleistet,[69] was durch einen Zeitungsbericht gestützt wird, der Kreisler bei einem Auftritt im Militärwissenschaftlichen und Casinoverein noch 1897 als Soldaten anspricht.[70]) Voraussetzung für den Dienst war die bestandene Matura an einem Obergymnasium, einer Oberrealschule »oder einer derselben gleichgestellten Lehranstalt«, wie es in der *Verordnung* für Einjährig-Freiwillige heißt. »Gleichgestellt« waren auch Kunstschulen, andernfalls war eine Prüfung in Mathematik, Geografie, Geschichte, Latein und einer weiteren Sprache abzulegen. (Auf Vorbereitungen zu einer solchen Prüfung hatte Kreisler möglicherweise bereits in dem zitierten Brief an Massart von 1891 angespielt.) Absolventen des Konservatoriums der *Gesellschaft der Musikfreunde* konnten ein Examen lediglich dann vermeiden, wenn sie als hervorragende Künstler anerkannt waren.[71] Fest steht jedenfalls, dass in Kreislers militärischer Qualifikationsliste von einem offiziellen Abschluss nur als Geiger die Rede ist.[72] Ob Kreisler eine Prüfung ablegen muss oder nicht, ist ebenso ungeklärt wie die Frage, weshalb er erst vier Jahre nach seinen ersten Militärdienst-Überlegungen tatsächlich in der Armee zu finden ist. Hatte er womöglich, weil er die Eingangsprüfung nicht bestand, erst wieder seine Karriere glaubwürdig in Gang bringen müssen, um als hervorragender Künstler eingestuft und direkt in den Ausbildungsgang für Reserveoffiziere aufgenommen werden zu können?

Wer die Geldmittel besaß, um die eigene Ausrüstung und Verpflegung zu finanzieren und die Kosten für eine eigene Wohnung

68 Vgl. Lochner, *Fritz Kreisler* (Anm. 4), S. 39 f.

69 Fritz Kreisler, nach Stidger, *The Human Side of Greatness* (Anm. 60), S. 76 f.

70 Vgl. N.N., »Militärcasino«, in: *Deutsches Volksblatt*, 20.3.1897, S. 6.

71 Vgl. Ernst Zehetbauer, *Die »Einjährigen« in der alten Armee: das Reserveoffizierssystem Österreich-Ungarns 1868–1914*, Osnabrück 1999, S. 36–39.

72 Vgl. Rathkolb, »Vom Reserveoffizier zum Chronisten« (Anm. 59), S. 22.

trug, war zur Wahl der Garnison berechtigt. Für Einjährig-Freiwillige bestand zudem die Gelegenheit, in den Freistunden an der Universität Vorlesungen zu besuchen.[73] Möglicherweise hat Kreisler in dieser Zeit Erfahrungen als externer Student an der medizinischen Fakultät gesammelt. Zum Leutnant der Reserve wurde man nur mit bestandener Offiziersprüfung ernannt. Am 28. Dezember 1900 meldet die *Wiener Zeitung*, dass seine »k. und k. Apostolische Majestät« »allergnädigst« geruhte, Kreisler und zahlreiche weitere Anwärter auf Januar 1901 zu »nichtactiven Lieutenanten« im »Landwehr-Infanterieregiment Sanct Pölten Nr. 21« zu ernennen.[74] Dass Kreisler sich als Offiziersaspirant zwölf Jahre lang »auf eigene Kosten« verpflichtet hatte und einige Jahre bis zu seiner Ernennung vergingen,[75] könnte darauf hindeuten, dass er zur Prüfung nicht angetreten war oder sie nicht bestand (was ohnehin auf Anhieb nur einem Viertel der Bewerber gelang).[76] Auch sein mögliches zusätzliches Dienstjahr bis 1897 könnte hierdurch erklärt werden. Neubeförderungen hingen von altersmäßigen Abgängen ab. Eine weitere Voraussetzung war es, eine angemessene Lebensausstattung und Geldmittel vorweisen zu können – was dafür spricht, dass Kreisler auch weiterhin von Zuhause aus nach Kräften unterstützt wurde (es war außerdem gefordert, den Lebensunterhalt ohne körperliche Arbeit bestreiten zu können, wozu das Violinspiel womöglich nicht zählte).[77]

Kreisler hat sich erst nach diesen Intermezzi aus wissenschaftlichen Studien und Militärdienst offenbar bewusst und endgültig dazu entschlossen, die Berufslaufbahn eines Geigers einzuschlagen. Er bewarb sich deshalb zunächst – angeblich auch wegen der beengten Finanzlage des Vaters – an der Hofoper. Kreisler scheiterte allerdings im Probespiel vor dem Konzertmeister Arnold Rosé, möglicherweise weil er nicht ausreichend vom Blatt zu lesen ver-

73 Vgl. Zehetbauer, *Die »Einjährigen« in der alten Armee* (Anm. 71), S. 61 f.

74 N. N., »Amtlicher Theil. Kaiserliche Verordnung vom 21. December 1900«, in: *Wiener Zeitung*, 28.12.1900, S. 1–3, hier S. 2.

75 Rathkolb, »Vom Reserveoffizier zum Chronisten« (Anm. 59), S. 21.

76 Vgl. Zehetbauer, *Die »Einjährigen« in der alten Armee* (Anm. 71), S. 61 f.

77 Vgl. ebd., S. 93–98.

stand und Probleme mit seinem »unrhythmischen Spiel« zeigte.[78] Kreisler wiederum unterstellte dem zwölf Jahre älteren Rosé später »Eifersucht« und »beamtenmäßig(e)« Pedanterie im Hinblick auf ein möglichst genaues Zusammenspiel des Orchesters.[79] Tatsächlich aber ließe sich nachvollziehen, warum Rosé den mit seiner Selbstfindung ringenden jungen Solovirtuosen nicht als Mitglied eines größeren, auf einheitliche Wirkung zielenden Klangkörpers sah: Der junge Kreisler befand sich auf der mitunter wohl haarsträubend experimentellen Suche nach einem eigenen Ton und Stil. Für einen Platz im Orchester trat er in dieser Entwicklungsphase vermutlich schlichtweg zu eigensinnig auf. (Für seinen Bruder galt dies übrigens nicht: Hugo Kreisler etablierte sich später als festangestellter Cellist bei den Wiener Philharmonikern.)

Orientierungsversuche

Rückblickend bezeichnet Kreisler die Zeit nach der Wiederkehr aus Frankreich als eine eher unglückliche: Dass er mit zwölf Jahren in Wien und Paris mit Preisen geehrt wurde, vermochte er offenbar selbst gar nicht angemessen einzuordnen. Was ihm zur inneren Distanznahme fehlte, schien jene geistige Reife zu sein, die ihn für ein Leben als Erwachsener bereit gemacht hätte. Die verschiedenen Ehrungen, so erinnerte sich Kreisler später, befriedigten ihn kaum – lieber hätte er stattdessen mehr Zeit mit Freunden verbracht.[80] Was nun aber folgte, war eine Phase tiefgreifender Verunsicherung: Nach eigenen Angaben hat Kreisler seine Geige mindestens zwischen 1889 und 1896, also während der gesamten vermeintlichen Gymnasial- und Universitätszeit, nicht angerührt und nur gelegentlich für seine Kameraden beim Militär gespielt.[81] Allerdings erweist bereits ein erster Blick auf die zeitgenössische Wiener Konzertbe-

78 Nach Alfred Planyavsky, »›Geigen nach Wien tragen ...‹. Ein Beitrag zur Geschichte der Wiener Streicherschule (2. Teil)«, in: *Das Orchester* 41/12 (1993), S. 1308–1314, hier S. 1312.

79 Vgl. Lochner, *Fritz Kreisler* (Anm. 4), S. 42 f., Flesch, *Erinnerungen eines Geigers* (Anm. 3), S. 85 f., Walter Kolneder, *Das Buch der Violine*, Zürich 1972, S. 490.

80 Fritz Kreisler, zit. nach Stidger, *The Human Side of Greatness* (Anm. 60), S. 76 f.

81 Vgl. Lochner, *Fritz Kreisler* (Anm. 4), S. 37–39.

richterstattung, dass er im Frühjahr 1890 einige Konzerte in Wien und Budapest gab,[82] so etwa ein Wohltätigkeitskonzert mit Moriz Rosenthal;[83] im Herbst 1890 ein Konzert im Bösendorfersaal zusammen mit einem Sänger und einer Pianistin;[84] im April 1891 fanden ein öffentlicher Vortrag, im November desselben Jahres ein kleineres Wohltätigkeitskonzert und am 21. Dezember 1891 ein weiteres Konzert im Bösendorfersaal statt. Entsprechend schaltete er sogar Anzeigen, um Werbung für sich als »Violin-Virtuose« zu machen.[85]

Geübt hat Kreisler in dieser Zeit aber offenkundig weniger als noch in der Kindheit. Womöglich paarten sich dabei eine gewisse Lustlosigkeit mit dem Hang zur Selbstüberschätzung. Zeitungsberichte bemängeln etwa, dass Kreisler nur durch brillante Kniffe wie seine Flageolett-Künste wirken wolle. »Da diese allein aber doch nicht befriedigen können, warnen wir den Freund echter Kunst, sich Herrn Kreisler anzuhören, er würde sich oft über das unreine Spiel des Violinisten entsetzen (...).«[86] Und nun scheint die Konzertaktivität tatsächlich nachzulassen: Es sind im März 1892 und im Februar 1893 lediglich noch zwei Benefizkonzerte nachweisbar. Im Oktober 1893 aber unternimmt Kreisler eine Tournee durch Galizien. Im Januar 1894 wird von seinen glänzenden Erfolgen in Moskau berichtet.[87] 1895 finden mehrere Konzerte in Mailand statt, wo Kreisler bereits als großer Geiger gefeiert, mit Lorbeerkränzen geehrt und von einem »elektrisirten« Publikum stürmisch beklatscht wird.[88] Umfangreichere Konzertaktivitäten sind ebenfalls für den Dezember 1895 zu verbuchen; am 7. Januar 1896 findet eine »Große Wohlthätigkeits-Akademie« in den Sophiensälen statt, wo Kreisler zugunsten des jüdischen Vereins »Ferienheim« auftritt.[89]

82 In mehreren Theaterzeitungs-Artikeln von 1890 werden Konzerte erwähnt.

83 Vgl. N. N., »Aus dem Concert-Saale«, in: *Österreichische Musik- und Theaterzeitung*, 15.11.1890, S. 5.

84 Vgl. G. K., »Aus dem Concert-Saale«, in: *Österreichische Musik- und Theaterzeitung*, 1.3.1890, S. 4.

85 *Österreichische Musik- und Theaterzeitung*, 15.10.1890, S. 11.

86 H. P., »Theater an der Wien«, in: *Deutsches Volksblatt*, 22.12.1891, S. 6.

87 Vgl. N. N., »Theater- und Kunstnachrichten«, in: *Neue Freie Presse*, 18.1.1894, S. 6.

88 N. N., »Theater- und Kunstnachrichten«, in: *Neue Freie Presse*, 29.5.1895, S. 8.

89 N. N., »Große Wohlthätigkeits-Akademie«, in: *Die Neuzeit*, 27.12.1895, S. 4.

Kreisler hat seine Konzertaktivitäten bis zum Sommer 1893 also deutlich eingeschränkt, danach aber wieder systematisch und mit wachsendem Erfolg ausgebaut. Dies lässt sich entwicklungspädagogisch durchaus nachvollziehen: In der Zeit zwischen Pubertät und Volljährigkeit muss Kreisler seine sicher geglaubten Grundfähigkeiten gänzlich neu ordnen. Noch ein Zeitschriftenartikel von 1890 fasst den Entwicklungsgang des soeben aus den USA zurückgekehrten Kreislers (unter Verwendung von Zitaten der Wiener Großkritiker Eduard Hanslick und Max Kalbeck) mit einer überaus positiven Zukunftsaussicht zusammen.[90] Doch bald mehren sich die kritischen Stimmen. Ob das Wunderkind tatsächlich dazu in der Lage sein könne, auch als Erwachsener erfolgreich zu sein – sozusagen die in den Schoß gefallene Begabung in den mit harter Arbeit verbundenen Künstlerberuf hinüberzuretten –, wird als keineswegs selbstverständlich angesehen. Kreislers Eltern, die möglicherweise ihre eigenen Hoffnungen auf den Sohn übertragen, und ein mit der Adoleszenz einsetzender Verlust der Fähigkeit zum spielerischen, mechanischen Lernen, verstärken den Druck.

Dass sich das Interesse am Wunderkind Kreisler schon während der USA-Tournee abschwächt, liegt wohl auch daran, dass der großgewachsene, durchaus plump wirkende Geiger kaum mehr für zwölf Jahre alt gehalten wird. Es gibt immerhin zunächst auch Kritiker, die Kreisler um 1887 einen »auffallend vollen, eigenthümlich reizvollen Ton« bescheinigen, eine »sichere, jede leere Spielerei sorgsam vermeidende Technik und eine schlichte, ernste Vortragsweise. Wunderkinder pflegen affektirt zu sein und zuweilen mit ihrer Frühreife zu kokettiren. Bei Kreisler ist nichts von diesen Dingen der Fall«.[91] Und ein Jahr später bemerkt ein Zeitungsbericht, Kreislers Spiel kennzeichne, entgegen dem Klischee vom Wunderkind, »ein auffallend geistvoller« Vortrag, »durchaus von männlichem Charakter und ohne Affectation«.[92] Doch scheint sich dies in den folgenden Jahren, die von Kreislers Pubertät geprägt sind, verändert zu haben: Max Kalbeck bemerkt 1890 über den 15-jährigen

90 Vgl. Kühle, »Fritz Kreisler« (Anm. 52) S. 1–4.

91 W. Fr., »Theater, Kunst und Literatur«, in: *Neues Wiener Tagblatt*, 8.11.1887, S. 6.

92 N. N., »Concert Kreisler«, in: *Grazer Volksblatt*, 30.1.1888, S. 3.

Kreisler, der »nach längerer Abwesenheit von Wien« wieder »aufgetaucht« sei, dass dieser jetzt zwar ein »ausgewachsener Virtuose« mit einer »geradezu unheimliche(n) Technik« geworden sei; dass aber auch »bald etwas von dem Geiste seines von E. T. A. Hoffmann geschaffenen Namensvetters auf ihn übergehen und das Seiltänzermäßige seines Violinspieles überwinden helfen möge«.[93]

Noch 1897 ist trotz der wieder wachsenden Erfolge das Echo bei seinen Konzerten zumindest wechselhaft zu nennen:

> »Der bekannte Violin-Virtuose Fritz Kreisler missbrauchte in der Chopin-Sarasate'schen Nocturne seine ganz erstaunliche technische Fertigkeit zu einigen kleinen Geschmacklosigkeiten; auch stören die unvortheilhaften Körperbewegungen. Was Technik anbelangt, speciell im Flageoletspiel, braucht Hr. Kreisler heute wohl keinen Rivalen zu scheuen.«[94]

Nachvollziehen lässt sich diese Kritik durchaus: Sarasates Violinstimme zu Chopins Klavier-Nocturne op. 9, 2 umspielt die bekannte weitgeschwungene Legato-Melodie der Vorlage über einer anspruchsvollen Harmonik dreimal mit ornamentreichen Fiorituren und Trillern. Als »geschmacklos« wird dabei womöglich die Interpretation eines Stücks empfunden, dass Virtuosität und Expressivität um ihrer selbst willen pflegt, wie dies Sarasate (als Abkömmling der »franko-belgischen« Violinschule) ohnehin gewohnheitsmäßig unterstellt worden ist. 1898 bescheinigt man Kreisler kaum zufällig zwar »wahre Noblesse und größte technische Gediegenheit«, aber zugleich auch einen Ton, der mitunter »etwas zu viel von süßer Klebrigkeit«[95] enthalte. Interessanterweise lassen die negativen Kritiken eine Erwartungshaltung jenes Wiener Publikums durchscheinen, dessen Hörgewohnheit stärker auf die Spielweise der »deutschen« Geigenschule ausgerichtet ist. Auf Kreislers Versuche, brillante Effekte anzuwenden, vielleicht auch einen ungezügelten Vibrato- und Rubato-Einsatz, reagiert die Wiener Öffentlichkeit jedenfalls teils ungnädig. Womöglich hat Kreisler, der keine Unterstützung durch einen Lehrer mehr besaß, mit den Wirkungsweisen

93 Max Kalbeck, »Concerte im Fasching«, in: *Die Presse*, 23.2.1890, S. 1–3, hier S. 3.

94 J.[ulius] Twardowski, »Wiener Concerte«, in: *Österreichische Musik- und Theaterzeitung*, 1.12.1897, S. 6.

95 O. v. Kapff, »Concerte«, in: *Deutsche Kunst- & Musik-Zeitung*, 10.2.1898, S. 26.

seiner Auftritte auf das Publikum regelrecht experimentiert. Es erscheint nur natürlich, dass er noch kaum eine vollständig bewusste Kontrolle über sein überragendes Talent gewonnen hat. Gerade dies aber wird sich in den folgenden Jahren schrittweise ändern.

Eindrücklich schildert der Violinpädagoge Carl Flesch seine erste künstlerische Begegnung mit Kreisler: Er habe ihn Mitte der 1890er Jahre einen »Schmachtfetzen« spielen hören, eine »hemmungslose Orgie sündhaft-verführerischer, lasterhaft-faszinierender Klänge, deren einzige Triebkraft eine bis zur Raserei gesteigerte Sinnlichkeit zu sein schien«.[96] Bei dem »Schmachtfetzen« handelt es sich vermutlich um das seinerzeit berühmte *Andante religioso* von Francis Thomé, das der »höchst beachtenswerthe Künstler« Kreisler beispielsweise im Herbst 1895 im großen Musikvereinssaal zum Besten gab.[97] Das Stück wird von einer raffiniert angelegten, sentimental weit atmenden Melodie getragen. Flesch war zutiefst fasziniert von so viel unangemessen scheinender Sinnlichkeit – die Erinnerung daran aber sei »eine(r) der stärksten Eindrücke (s)eines Lebens« gewesen.[98] Dass Kreisler in der Folge solcher Auftritte als Künstler und Virtuose zugleich Anerkennung gewann, hat Flesch mit einem Wandel des Zeitgeistes begründet. Kreislers »von stürmischer Sinnlichkeit getragene, von einem aufreizend intensiven Vibrato unterstützte, aufpeitschende Erregung mitteilende Vortragsart«[99] galt vor 1900 noch kaum als zeitgemäß. Zugleich aber habe er seine zunächst forsche Überzeugtheit von seinem ›sinnlichen‹ Spiel zunehmend bewusst zu kontrollieren vermocht. Kreisler, der eine Ära des unverstellten Espressivo durch eigentümliche Vibratotechniken und eine leidenschaftliche Attitüde eingeleitet habe, so erklärte dies Flesch später, sei von nun an aber »umso abgeklärter« erschienen, »je aufgeregter sich unsere Epoche gebärdete«[100].

96 Flesch, *Erinnerungen eines Geigers* (Anm. 3), S. 85.
97 Vgl. Kolneder, *Das Buch der Violine* (Anm. 79), S. 490, sowie B. Lvovsky, »Wiener Concerte«, in: *Österreichische Musik- und Theaterzeitung*, 1.11.1895, S. 3.
98 Flesch, *Erinnerungen eines Geigers* (Anm. 3), S. 85.
99 Ebd., S. 67 f.
100 Ebd.

Ein ausgeprägtes Vibrato nutzten zwar bereits Kreislers Lehrer Massart und Geiger wie Sarasate, Ysaÿe und Wieniawski. Doch die »schockierende Intensität«, mit der Kreisler dieses Vibrato einsetzte, könnte demgegenüber als neue Qualität empfunden worden sein: Es handelte sich um ein *Vibrato continuo*, verbunden mit ausgeprägtem Bogendruck bei geringem Bogenverbrauch, das Klangvolumen und Ausdrucksintensität weitestmöglich koppelte.[101] Was Kreisler damit erzeugte, war das Klangmittel eines eigenständigen Interpretationsstils: Walter Kolneder hat Kreisler einen der »Fauves« des Geigenspiels genannt und seinen Spielstil »unmittelbar in den Expressionismus münde(n)« sehen.[102] Daniel Leech-Wilkinson erkannte in Kreisler so den Protagonisten einer »Inflation der Ausdruckskraft«, die sich mit einem erheblich verstärkten Vibratogebrauch in den ersten Jahrzehnten des 20. Jahrhunderts breit durchsetzte.[103]

Viel später hat Kreisler übrigens einmal behauptet, der Vater habe seinen eigenen unerfüllten Wunsch, Profimusiker zu werden, auf ihn übertragen.[104] Gleichzeitig ließe sich vermuten, dass Kreislers in der Pubertät erstarkter Wille nach Selbstbestimmung, seine mangelnde Bereitschaft, einen geregelten akademischen Abschluss zu erlangen, ein Akt des Widerstandes gegen die Figur des promovierten Mediziners Samuel Kreisler gewesen sein könnte. Flesch erinnert sich jedenfalls, dass Kreisler seine bohèmehafte Lebensweise vor 1898 zum blanken Entsetzen des Vaters und vielleicht sogar bewusst gegen ihn zelebriert habe.[105] Und die nachträglich erfundenen Lebensstationen einer Piaristen- und Jesuiten-Ausbildung in Wien und Paris oder das angebliche Medizinstudium könnten von diesem Standpunkt aus betrachtet versöhnliche Rückwendungen auf die (inzwischen bereits verstorbene) Autoritätsperson des Vaters gewesen sein. Kreisler jedenfalls hat diese Phase seines

101 Vgl. Kolneder, *Das Buch der Violine* (Anm. 79), S. 493.

102 Ebd., S. 491.

103 Daniel Leech-Wilkinson, *The Changing Sound of Music. Approaches to Studying Recorded Musical Performances*, London 2009, Kap. 5, § 21 (https://www.charm.rhul.ac.uk/studies/chapters/chap5.html [zuletzt: 4.4.2022]).

104 Vgl. Stidger, *The Human Side of Greatness* (Anm. 60), S. 76 f.

105 Vgl. Flesch, *Erinnerungen eines Geigers* (Anm. 3), S. 85 f.

Lebens im Nachhinein denn auch als eine Art »Selbstverleugnung« zu erklären versucht.[106]

Sicher ließe sich begründen, warum Kreisler, dem seit dem Unterricht bei Massart als Kind keine Violinpädagogik mehr zuteilwurde, seine eigene »Schule«[107] entwickelte. Hierbei hatte er sich gewiss einiges von Hellmesberger, von Massart, aber auch von Joachim oder Rosé angeeignet. Er erhielt auf diese Weise die Gelegenheit, ungestört an einem eigenen Geigenstil zu arbeiten und dessen Möglichkeiten im Rahmen kleinerer Konzertengagements auszuprobieren. Die dadurch entstehende Vielfalt von durchaus unterschiedlichen Schul-Einflüssen zeigt, dass die von Flesch als »Vakuum«[108] bezeichnete Phase Kreislers zwischen Jugend und Reifezeit durchaus auch als sehr produktive Zeit einer berstenden Fülle von Ideen (und dabei oftmals widerstreitenden Suchbewegungen) begriffen werden könnte. Kreisler musste nach den Kinderjahren das zuvor spielend leicht bewältigte technische Handwerk, das in einer Art Abrichtungsverfahren auf ihn eindrang, nun noch einmal mit dem Bewusstsein eines erwachsen Werdenden lernen – und sich dabei auch als Geiger neu erfinden. Dies schien umso schwieriger, als Kreisler bereits mit zwölf Jahren »mit so erstaunlicher Sicherheit und Ruhe«, ja »überreif« gespielt haben muss, »als hätte er die großen Triumphe, welche seiner in der Zukunft warten, schon hinter sich«.[109] Und doch konnte ihm der wohlwollende Beobachter Eduard Hanslick erst über zehn Jahre später bescheinigen, nach jahrelanger Arbeit an der eigenen »Vervollkommnung« nun endlich ein »fertiger Meister« zu sein.[110]

Nicht zu unterschätzen ist dabei auch die Last der Vergangenheit, die der Geiger mit sich herumzutragen hatte: Immer wieder betont Kreisler seinen engeren Kontakt mit Bruckner oder Brahms, die Verbindungslinien zu Personen im Konservatorium, die noch

106 Vgl. Samuel und Sada Applebaum, »With the Artists«, in: *Violins and Violinists* (Dezember 1947), S. 366.

107 Biancolli, *Fritz Kreisler* (Anm. 11), S. 50.

108 Vgl. Flesch, *Erinnerungen eines Geigers* (Anm. 3), S. 85 f.

109 dr.r.h., »Concert«, in: *Wiener Allgemeine Zeitung*, 20.11.1887, S. 7.

110 e. h. [= Eduard Hanslick], »Theater und Kunstnachrichten«, in: *Neue Freie Presse*, 25.1.1898, S. 6.

Paganini, Chopin oder Jenny Lind gehört hatten.[111] Er selbst wiederum kannte mit seinen Lehrern Hellmesberger und Massart noch Menschen, die Zeitgenossen Schuberts und Beethovens gewesen waren. Was Kreisler aus diesen Begegnungen zog, war wie fast alles in seinem Leben lediglich eine Kenntnis aus zweiter Hand. Er lernte allerdings, Eigenständiges daraus zu machen: Denn Kreisler nutzte diese Kenntnis als gezielt aktualisierte Erinnerung und trug sie so lebendig wie möglich in die Gegenwart hinein. Solche Strategie war es, die er in den folgenden Jahrzehnten zwischen Berlin, London, Paris und New York mit der Erwartungshaltung des jeweiligen Publikums vor Ort abzustimmen suchte. Wien als jene Stadt, mit der man Kreisler als Künstler verband, stand dabei im Mittelpunkt seiner Wirkungsüberlegungen. Die nostalgischen »Alt-Wiener« Anklänge in Kreislers Kompositionen und seiner Spielweise mögen hierdurch erklärbar werden: Sie sind, ähnlich wie manches Element seiner Lebensgeschichte, mit Raffinesse und Fortune entwickelt und schon um 1900 auf die Außenwahrnehmung eines längst zum Gegenstand des eigenen Geschäftsmodells gewordenen Stils berechnet.

Entstehung eines Stils

Bereits vor 1900 wird Kreisler durch Vertreter der Aristokratie oder Fabrikanten wie etwa Ernst Posselt gefördert, der ihm erstmals Auftritte im kulturellen Schaufenster Berlin ermöglicht. Zwischen 1896 bis 1899 geht Kreisler europaweit auf verschiedene Tourneen. Im Januar 1898 debütiert er mit den Wiener Philharmonikern unter Hans Richter. An seinem Vortrag des 2. Violinkonzerts von Max Bruch bemängelt die Kritik zwar eine unzureichende Plastik der Melodiegestaltung im 2. sowie fehlerhafte Intonation im 3. Satz.[112] Sie führt dies aber später nicht etwa auf verspielte Extravaganzen, sondern auf eine »nervöse Aufregung« zurück,[113] die das Wunderkind Kreisler früher nie beschäftigt habe. Entscheidend für Kreis-

111 Vgl. Lochner, *Fritz Kreisler* (Anm. 4), S. 17–23.

112 Vgl. a. k., »Concerte«, in: *Neues Wiener Journal*, 26.1.1898, S. 7, und j. s., »Konzerte«, in: *Arbeiter-Zeitung*, 28.1.1898, S. 5.

113 Max Kalbeck, »Concerte«, in: *Neues Wiener Tagblatt*, 8.3.1898, S. 1–3, hier S. 2.

lers endgültigen Durchbruch ist schließlich ein von Posselt arrangiertes Berliner Konzert, zu dessen Anlass der Industrielle Kreisler (auch für die Folgejahre) eine Stradivari-Geige aus eigenem Besitz zur Verfügung stellt.

Der für seine weitere Karriere richtungsweisende Auftritt Kreislers findet Anfang Dezember 1899 statt: Kreisler spielt mit Arthur Nikisch und den Berliner Philharmonikern Mendelssohns Violinkonzert. Hier hört ihn erstmals Eugène Ÿsaye, steht am Ende demonstrativ applaudierend auf und zeigt publikumswirksam seine Begeisterung.[114] Über seine Berliner Engagements berichtet schließlich wiederum eine beeindruckte Wiener Presse:

> »Der bekannte Geigen-Virtuose Friedrich Kreisler aus Wien concertirte vor einiger Zeit in Berlin und machte dort geradezu Furore. Ernsthafte Berliner Musikkritiker sprechen in den enthusiastischesten Ausdrücken von Kreisler und proclamiren ihn zum Geigerkönig. Ein Kritiker äußert sich über ihn: ›Es ist kein Zweifel, daß wir es bei Kreisler mit einer Individualität ersten Ranges zu thun haben. Gewisse Eigenschaften darf er sein Eigen nennen, über die vielleicht kein anderer Geiger der Gegenwart verfügt: es liegt ein Muth, eine Kühnheit, eine Bestimmtheit und ein Selbstbewußtsein in seinem Spiele, die unbedingt imponiren, auch wenn man kein absoluter Bewunderer der complicirtesten Schwierigkeiten ist, die Kreisler so leicht überwindet. Man thäte unrecht, wollte man den Künstler nur oder hauptsächlich als Techniker hochstellen. Wer Bruch's ›Adagio‹ so wundervoll zu geben weiß, ist als Musiker sehr ernst zu nehmen, und es ist überflüssig, irgend welche Vergleiche mit andren Geigengrößen nach irgend einer Richtung anzustellen.‹ In anderen Referaten wird besonders Kreisler's Vortrag von Paganini'schen Variationen als geradezu verblüffend bezeichnet; nicht minder glänzenden Erfolg errang der Künstler mit dem ersten Satze des Violinconcertes von Goldmark und der unter dem Namen ›Teufelstriller‹ bekannten Tartinischen Sonate. Das Publicum bereitete dem Künstler, der sich mit einem Schlage die Gunst der Berliner gewann, stürmische Ovationen.«[115]

Ein besonders wohlwollend hervorgehobenes Kennzeichen seines Spiels ist jetzt nicht mehr nur die technische Virtuosität, sondern auch die Fähigkeit, Musik mit Leben und Geist zu erfüllen. Gelas-

114 Fritz Kreisler, zit. nach Lochner, *Fritz Kreisler* (Anm. 4), S. 58.

115 N. N., »Theater- und Kunstnachrichten«, in: *Neue Freie Presse*, 21.5.1899, S. 10.

senheit wie Selbstkontrolle ersetzen nun offenbar die früher kritisierte Neigung zu launenhaften Marotten.[116]

Von dieser Zeit an wird Kreisler für die folgenden mehr als drei Jahrzehnte durch die Konzertdirektion Wolff & Sachs vertreten. Finanziell lohnt sich dieser Schritt: Kreisler verdient jetzt angeblich 10 000 bis 12 000 Mark im Jahr. Für die folgenden beiden Jahre beginnt seine Agentur sofort, Konzerte in zahlreichen europäischen Ländern zu arrangieren.[117] Trotz der unerwartet guten Profite muss Kreisler in finanziellen Angelegenheiten weiterhin Phasen der Instabilität gekannt haben. Doch in genau jener Zeit erhält sein Leben eine weitere bedeutsame Wendung: Kreisler begegnet 1901 seiner späteren Frau Harriet Woerz, geborene Lies, an Bord des Dampfers *Bismarck* von New York nach Bremerhaven. Harriet lässt sich als New Yorkerin deutscher Abstammung bezeichnen: Der Vater war selbst Deutscher, die Mutter hatte deutsche Eltern – und sie ist einige Jahre älter als Kreisler. Offenbar wussten Harriet und Fritz sehr bald, was sie voneinander wollten: Harriet lässt sich im Juni 1902 von ihrem Mann Frederick Woerz scheiden. (Über die langjährige erste Ehe Harriets ist wenig bekannt: Das Paar hatte aber eine spätgeborene gemeinsame Tochter, die möglicherweise bereits kurz nach ihrer Geburt 1900 verstarb.)[118] Im Herbst 1902 heirateten Fritz und Harriet standesamtlich in London. Harriet war deutsche Staatsbürgerin, erhielt mit der zweiten Heirat aber den österreichischen Pass und wurde erst Ende 1933 (auf eigenen Antrag hin) US-Amerikanerin.[119]

Harriet Kreisler besaß zwar keine ausgeprägte Verbindung zur Musik. Sie muss aber in der von Männern dominierten Welt des Kunstgeschäfts mit einer starken und offen artikulierten Entschiedenheit aufgetreten sein. Sie nahm es als ihre Lebensaufgabe an, für ihren Mann da zu sein – und hat dadurch wiederum sein Leben stark beeinflusst. Sie lenkte die gemeinsamen Tagesabläufe bald

116 Vgl. dazu Lochner, *Fritz Kreisler* (Anm. 4), S. 69.

117 Vgl. ebd., S. 62.

118 Vgl. den United States Census 1900, zit. nach https://www.familysearch.org/ark:/61903/1:1:MSGN-CYB [zuletzt: 14.3.2022].

119 Vgl. Gesuch zur Staatsbürgerschaft (Citizenship), Nr. 224567, vom 27.10.1933, Adresse: 113 East 57 St. New York, NY, einzusehen in: ancestry.com.

nach der Heirat in das um, was sie für geordnete Bahnen hielt, und übernahm organisatorisch und finanziell das Management ihres Gatten. Kreisler behauptete von sich, eine gewisse Scheu vor dem Leben und vor Menschen, vor allem aber den »tückischen Dingen des Alltags« gehabt zu haben, und fühlte sich durch Harriets Einsatz entlastet. Indem Harriet von nun an darauf bestand, zu allen gesellschaftlichen Terminen Kreislers miteingeladen zu werden, setzte sie genauso für die soziale Stellung von Künstlern neue Maßstäbe, wie sie einen Beitrag für die beschämend langwierige Gleichstellung der Frau im 20. Jahrhundert leistete.[120] Kreisler hat immer wieder betont, wie entscheidend wichtig Harriets Führung für seine Lebensziele und deren erfolgreiche Bewältigung war:[121] Erst nachdem sie einander kennenlernten, sei er als Künstler zu sich selbst gekommen. Er verdanke ihr alles – und alles, was er sei, habe sie aus ihm gemacht.[122]

In den Jahren vor und nach 1900 entwickelte sich auf der Grundlage der vielfältigen Erfahrungen von Kreislers Kindheit und Jugendzeit jener Umgang mit der Geige, der ihn bis ins späte Erwachsenenleben hinein begleitete. Dazu gehörte auch sein angeblich sorgloses Übeverhalten. Kreisler begründete seine Vernachlässigung des Trainierens später voller Überzeugung damit, dass die Spieltechnik eine »Sache des Gehirns« sei:

> »Man denkt an eine Passage und weiß genau, wie man sich sie wünscht. Es ist, als ziele man mit einer Pistole. Man visiert, spannt den Hahn, legt den Finger an den Abzug. Ein leichter Druck des Fingers und der Schuß ist abgefeuert. Dasselbe gilt von der Technik eines Instrumentalisten. Man denkt im Voraus und nicht erst während man die Note abschießt, oder nachher. Die Muskeln sind vorbereitet, die physische Vorstellung steht im Geiste absolut klar vor einem – ein kurzes Aufblitzen der Willenskraft und der beabsichtigte Effekt ist erreicht.«

Dagegen dürfe man sich keinesfalls bloß auf das automatische Funktionieren der Muskeln verlassen – eine kleine Nervosität oder

120 Vgl. hierzu Lochner, *Fritz Kreisler* (Anm. 4), S. 72–78.

121 Vgl. Fritz Kreisler, »Herr Kreisler Talks (an Interview)«, in: *Strand Magazine* 67 (1927), S. 183.

122 Vgl. ebd.

Irritation, und alles sei verloren.[123] Er selbst denke immer nur an die »Vollkommenheit der Musik, die ich im Geiste höre«, nie aber an die »Mechanik des Spieles«. Etwas später bemerkte er:

> »Das Geheimnis meiner Methode (...) besteht darin, daß ich mich – sobald ich auf dem Podium stehe – weit mehr konzentrieren und anstrengen muß, als wenn ich vorher viele Stunden geübt hätte. Die gesteigerte Wachsamkeit, die ich benötige, um alle eventuellen Unsicherheiten zu meistern, läßt mich umso besser spielen. Die Finger sind nichts anderes als ausführende Organe.«

Das Üben vor einem Konzert hingegen stumpfe die Fantasie ab und töte jede Wachsamkeit.[124] »Technik« sei nicht das »wichtigste Rüstzeug« eines Konzertgeigers, so Kreisler: Die wesentlicheren Erfordernisse seien »Herz und Persönlichkeit«, was gleichwohl zunächst die vollkommene Beherrschung des Instruments voraussetze.[125] Kreisler brauchte im Übrigen nie über »steife Finger« zu klagen, was er mit dem Einsatz eines anderen Mittels als dem ausdauernden Üben und Einspielen begründete: »Ich tauche bloß die Fingerspitzen für ein paar Sekunden in heißes Wasser, bevor ich auf das Podium trete. Das macht die Finger biegsamer, als wenn ich mehrere Stunden lang geübt hätte.« Was er aber als wesentlich wichtiger empfand, war »meine Begeisterung zu erhalten, um imstande zu sein, frisch und schwungvoll zu spielen«. Die Stücke sollten immer wieder »gewissermaßen neu« sein, und er selbst dürfe sich nie »satt« davon fühlen.[126]

Wenig befriedigend an Kreislers Enthüllung eines solchen »Geheimnisses« ist natürlich, dass es kaum zur Nachahmung taugt: Als Anleitung lehrbar konnte seine Mischung aus körperlicher Veranlagung und der hochgradigen Fähigkeit zur Konzentration nie sein. Womöglich im Wissen darum lehnte es Kreisler auch immer wieder ab, in größerem Umfang zu unterrichten. Der Geiger hatte entsprechend, es lässt sich erahnen, auch nie Probleme mit dem Auswendiglernen. Die Solostimme eines Stücks mit Orchester hat er zumeist gar nicht allein studiert: Er lernte vielmehr gleich aus der

123 Fritz Kreisler, zit. nach Lochner, *Fritz Kreisler* (Anm. 4), S. 81.
124 Fritz Kreisler, zit. nach ebd., S. 82.
125 Fritz Kreisler, zit. nach ebd., S. 83.
126 Fritz Kreisler, zit. nach ebd., S. 82.

Partitur oder dem Klavierauszug. Die Geigenpartie gehe so, dies war sein Kalkül, gemeinsam mit der Begleitung als eine Gesamtstruktur ins Gedächtnis über.[127]

Kreisler wurde angesichts dieses Blicks für Zusammenhänge bereits früh immer wieder als »Geiger großen Stils« gewürdigt: »Großzügig ist die kühne, freie Ueberlegenheit, mit der er ein musikalisches Kunstwerk überblickt, großzügig die prachtvolle Fähigkeit, zusammenzufassen, ein Musikstück als Ganzes darzustellen«.[128] Und Kreisler selbst bemerkte hierzu: »Wenn ich auswendig lerne, ist es, als werde die Musik in mein Gedächtnis eingeritzt wie in eine Schallplatte, und ist sie einmal eingekerbt, reproduziert diese Platte die Musik durch Jahre«.[129] Offenbar hatte Kreisler auf seinen Tourneen zahllose Konzertprogramme gespeichert, die nahezu ohne Üben in ähnlicher Qualität abrufbar waren. Dies bedeutete für ihn allerdings auch, dass er die jeweilige Interpretation eines Stückes immer wieder aufs Neue zu überprüfen und im bzw. für den Moment der Aufführung zu verfeinern gewillt war.[130]

Kadenzen

Kreisler muss sich unter der Anleitung seiner Frau in jener Zeit zum Musterbeispiel eines entschlossenen und disziplinierten Musikers entwickelt haben. Es gab angeblich Jahre, in denen er bis zu 260 Konzerte spielte: in den USA, Europa, Ägypten, Südamerika, in Nordamerika allein in einem Jahr einmal 120 Konzerte. Während einer Saison absolvierte er 57 Konzerte *en suite* in 72 Tagen. Einmal spielte Kreisler im Abstand von zehn Tagen zweimal in Wien: Am Abend vor dem ersten Termin in Wien gastierte er in Leipzig, vor dem zweiten aber noch in Krakau, Prag, London, Paris, noch einmal in London, Lyon und Budapest.[131] Sein Freund Sergej Rachmaninow hatte deswegen eine eigene Theorie zu Kreislers Trainingsverhalten an der Geige: »Fritz gibt soviel Konzerte, daß er nicht zu

127 Vgl. ebd., S. 83 f. und 86.

128 E. B., »Konzert Fritz Kreisler«, in: *Neues Wiener Journal*, 23.1.1912, S. 7.

129 Fritz Kreisler, zit. nach Lochner, *Fritz Kreisler* (Anm. 4), S. 83 f.

130 Vgl. ebd., S. 85.

131 Vgl. E. B., »Konzert Fritz Kreisler« (Anm. 128), S. 7.

üben braucht.« Es folgten zahllose Plattenaufnahmen für Phonograph und Grammophon, dazu hatte Kreisler Orchesterproben zu absolvieren und pflegte daneben aus reiner Musizierlust das Spiel mit befreundeten Künstlern (an einem Abend spielte er in privatem Rahmen sein Lieblingsstück, das C-Dur-Streichquintett D 956 von Schubert, angeblich dreimal hintereinander). Darüber hinaus beanspruchte die Arbeit an Transkriptionen und Bearbeitungen für sein Geigenrepertoire viel Zeit.[132]

Dass Kreisler seit den späteren 1890er Jahren einen selbstbestimmten Ernst entwickelt haben muss, der vielleicht auf ein verändertes Verhältnis zu seinen Eltern oder auf Lehren aus dem Verlust seiner kindlichen Ungezwungenheit zurückzuführen ist, lässt sich zwar nicht an Tonaufnahmen studieren. Aber er zeigt sich am eigenen Komponieren für den Konzertgebrauch: Welchen Weg Kreisler hierbei eingeschlagen hat, wird besonders eindrücklich an den Kadenzen zu Ludwig van Beethovens Violinkonzert op. 61 erkennbar. Es lässt sich an Kreislers kompositorischem Anspruch gegenüber diesem Werk nicht weniger als der Wunsch erkennen, Geschichte schreiben zu wollen. Vielleicht ermöglicht seine Interpretation in der Aufnahme mit dem London Philharmonic Orchestra und Sir John Barbirolli Jahrzehnte später Rückschlüsse auch auf die frühere Spielweise des Konzerts. Wenn ja, dann könnte Kreislers Spiel bereits um 1900 von einer reflektiert schnörkellosen und dynamisch vorantreibenden Geradlinigkeit geprägt gewesen sein. Kreislers speziellen Anspruch gegenüber Beethoven unterstreichen die drei mutmaßlich in jener Zeit entstandenen Kadenzen zum Violinkonzert, die erst Jahrzehnte später publiziert wurden.[133]

Kreisler wusste: Das Beethoven-Konzert galt seit der zweiten Hälfte des 19. Jahrhunderts als das Paradestück der Gattung, das viele der nachfolgenden Versuche anderer Komponisten maßgeblich beeinflusste. Weil Beethoven selbst keine Kadenz hinterließ, hat sich aber auch eine regelrechte Solisten-Rezeptionsgeschichte hinsichtlich der Kadenzen zu diesem Konzert entfaltet. Von Ferdi-

132 Vgl. hierzu Lochner, *Fritz Kreisler* (Anm. 4), S. 79.

133 Fritz Kreisler, *Kadenzen zum Violin-Konzert von L. van Beethoven, opus 61,* Mainz 1928. Laut Lochner schrieb Kreisler die Kadenzen 1894 (vgl. Lochner, *Fritz Kreisler* [Anm. 4], S. 42), wahrscheinlicher ist aber Ende der 1890er Jahre.

nand David und Henri Vieuxtemps bis zu August Wilhelmj, Joseph Joachim oder Joseph Hellmesberger sr. reichen die Versuche, Beethovens Meisterwerk angemessen zu ergänzen. Kreislers Kadenzen nun erweisen dieser Tradition ebenso ihren Tribut, wie sie den Anspruch eines Künstlers formulieren, dessen Rolle in dieser Wirkungsgeschichte ernst genommen werden möchte. Von wem genau Kreisler ernst genommen werden wollte, zeigt er klar an: Wesentlich unterscheiden sich seine Kadenzen etwa von jenen im Stile Hellmesbergers sr., die vor allem auf virtuose Brillanz setzen. (Die Kadenzen des Vaters seines ehemaligen Wiener Lehrers besaß Kreisler in der Druckausgabe – und er hat diese womöglich selbst studiert und genutzt, bevor er seine eigenen schrieb.[134]) Deutlich näher treten Kreislers Kadenzen den höchst durchdachten Gegenstücken Joseph Joachims. Vergleichbar ist dabei der künstlerische Anspruch im Umgang mit Beethoven: Sowohl Joachims wie Kreislers Kadenzfolgen setzen zum einen Motivmaterial aus dem Konzert ein, das in virtuosem Figurenwerk verarbeitet wird. Zum anderen verraten Kreislers Kompositionen aber auch deutlich den Blick für die Gesamtstruktur der Vorlage, während Joachim auf feinsinnige Weise von Beethoven ungenutzte Motivverbindungen erhellt.

Am Höhepunkt, gegen Ende von Kreislers Kadenz zum 1. Satz, findet sich so nicht etwa der möglicherweise erwartbare Geschwindigkeitsrausch (der einer logischen Dramaturgie des Virtuosen folgen würde), sondern ein raffinierter satztechnischer Coup. Bereits ab T. 13 der Kadenz ist der Paukenrhythmus, ab T. 15 das Hauptthema gegenwärtig und wird in verschiedenen mehrstimmigen Kombinationen in den Notenwerten vergrößert, melodisch variiert und harmonisch verwandelt. In T. 45 nun macht Kreisler etwas, das in Beethovens Konzert selbst nicht anzutreffen ist: Er führt das Hauptthema mit dem Seitenthema kontrapunktisch eng und wiederholt diesen staunenswerten Vorgang mit getauschter Ober- und Unterstimme noch einmal. Auch wenn der Schlusssatz des Konzerts in eine Kadenz-Idee Kreislers mündet, an deren Ende der prägende Hauptgedanke ausschließlich von im Tempo sich verkür-

134 Vgl. Joseph Hellmesberger Sr., *Sechs Cadenzen*, Wien o. J., in: Fritz Kreisler Collection (Anm. 15), Box 12, Folder 7.

zenden Flageolett-Klängen gespielt wird: Das Ergebnis ist nicht die noch in den früheren 1890er Jahren bemängelte »Geschmacklosigkeit« halbseidener Zaubertricks, sondern der Schlusspunkt einer wohldosiert angelegten, allmählich aufgebauten Spannungskurve, die in einem strukturell begründeten Kunstgriff gipfelt. Das Ergebnis verdichtet Virtuosität und Strukturanspruch untrennbar miteinander.

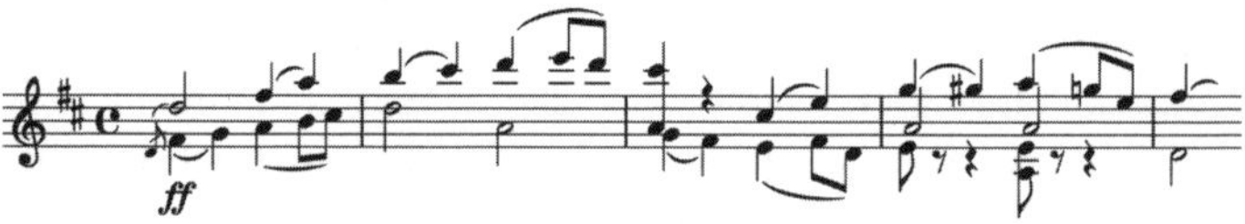

Abb. 2 Fritz Kreisler, *Three Cadenzas für the Concerto in D Major for Violin and Orchestra*, op. 61 (Ludwig van Beethoven), T. 45–49

Kreisler misst sich hier bewusst mit den berühmten Vorbildern des vorangegangenen Jahrhunderts – und er setzt dabei selbst neue Maßstäbe in der Musikwelt. Die Kadenzen des jungen Geigers wurden offenbar als Fanal eines Zeitenwandels empfunden: Zahlreiche Violinisten übernahmen die Beethoven-Kadenzen Kreislers in ihr eigenes Repertoire oder richteten ihre eigenen Kadenzen an dessen ästhetischen und kompositionstechnischen Vorgaben aus. Bis heute gehören die Kadenzen Kreislers jedenfalls zu den Standards im Konzertbetrieb.

3 »Genauigkeit und Seele« (1905–1914)

Eigenständigkeit

Der Violinpädagoge Carl Flesch hat verschiedentlich darauf hingewiesen, dass Fritz Kreisler bereits als junger Mann und quasi im Alleingang eine Reihe von spieltechnischen Veränderungen eingeleitet habe, die im 20. Jahrhundert zur Grundausrüstung eines jeden Geigers gehören sollten. Dies mag allzu einseitig dargestellt sein. Doch feststeht, dass Kreislers eigentümliche Vibrato- und Rubatotechnik noch Ende des 19. Jahrhunderts vielfach als selbstverliebte Manier empfunden wurde. Zwar gibt es keine Aufnahmen aus den Jahren vor 1900, aber die zeitgenössischen Kritiken verraten, wie misstrauisch man sein Spiel mancherorts aufnahm. Bereits kurz nach der Jahrhundertwende hingegen wuchs die Bewunderung für Kreisler rasch und stetig. Was war der Grund hierfür? Hatte sich sein Spiel oder der Zeitgeist verändert? Kreislers Spiel jedenfalls klingt auf den ersten Schallplattenaufnahmen um 1905 so beherrscht, dass die schon früh mit Kreisler verbundenen Eigenschaften (wie spontane Lebendigkeit oder Vielfalt an Ausdrucksmöglichkeiten in Rhythmus und Klangfarbe) zwar nicht verloren, aber doch in einen genau durchdachten Gesamtrahmen eingebunden erschienen.

Verändert hatten sich sicherlich auch die Hörgewohnheiten des Publikums. Flesch bezeichnet in seinen *Erinnerungen* schon den zwölfjährigen Kreisler als Geiger von »großem Format« – mithin 1887, als dieser die Studienzeit in Paris abgeschlossen hatte. Danach allerdings erkennt er eine mehr als zehn Jahre andauernde Phase des Stillstands, während der Kreisler seine Möglichkeiten bis zum internationalen Durchbruch 1899 angeblich weitestgehend brachliegen ließ. In jener Zeit habe sogar die Gefahr bestanden, dass Kreisler seine Karriere ganz beenden würde. Flesch beschreibt den Künstler noch Mitte der 1890er Jahre als liebenswürdige, aber oberflächliche Erscheinung, eine »talentierte«, indes »etwas verkommene Lokalgröße«, deren hemmungslose Spielweise sich seiner damaligen Lebensführung anpasste.[135] Zwar sei Kreislers »eigentümlich verführerische Tonfärbung«, seine »fortreißende rhythmische Kraft« und die ausgiebige Verwendung des Vibrato bereits dagewesen – sie sei aber von den Zeitgenossen als »übertrieben, überspitzt, unrhythmisch, ja als unmusikalisch« empfunden worden.[136]

Dass Kreislers Art zu spielen die logische Folgeerscheinung eines »inneren Bedürfnisses nach gesteigerter Intensität« und als »Impuls« zu etwas grundlegend Neuem zu sein schien,[137] vollzieht das Hörverständnis des Publikums erst in den Jahren um 1900 nach. In einer Münchner Kritik von 1899 wird etwa über Kreislers Interpretation von Johann Sebastian Bachs E-Dur-Konzert BWV 1042 als von einer »zügige(n), ruhige(n) Kantilene« gesprochen, »die zu der scharf rhythmisirten Beweglichkeit der Hauptmotive in wirkungsvollen Gegensatz« tritt und den »festgegossenen Formen Seele einhauchen« will, »dem modernen Empfinden verständliche Plastik«:

> »So klar und nahezu herb er die Fiorituren herausschraffirte, so rhythmisch scharf er die Perioden phrasirte, er wußte doch seiner Darstellung immer dasjenige Quantum von Weichheit, Wärme und Farbe beizumischen, welches nöthig war, Licht und lebendigen Odem in die motiven Gebilde [sic] zu bringen. Herr Kreisler ist eben nicht bloß Flageolet-Hexenmeister, sondern vor allem ein denkender und empfindender Künstler.«[138]

An Kreislers Bearbeitung und Interpretation von Bachs *Präludium* aus der E-Dur-*Partita* BWV 1006 lässt sich die Maßgabe einer analytisch vorgehenden Tongebung in höchstem Spieltempo auch heute noch erkennen. Ein Kritiker bemerkt 1912, bei Bach habe Kreisler die »einzelnen Linien mit verschiedenen Färbungen gegenüber« gestellt »und so das Kunstwerk zerlegt«. Den bestimmten Zugriff ermöglichten hierbei Fingerhaltung und Fingersatz: Bei Kreislers »runder« und »hochaufziehender Fingerhaltung« fielen »die Spitzen fast hörbar scharf nieder«, für »aufwärts hüpfende«

135 Flesch, *Erinnerungen eines Geigers* (Anm. 3), S. 85 f.
136 Ebd.
137 Ebd. S. 87.
138 N. N., »Konzerte«, in: *Allgemeine Zeitung*, 20.11.1899, S. 2.

Linien benutze er den »Ersten«; Quarten greife er »Eins Drei« statt mit dem vierten Finger.[139] In der Aufnahme mit George Falkenstein von 1912 in New York lässt sich die kontrapunktisch gedachte Phrasierung gut nachvollziehen, ohne dass in engster Legatoführung eine Bogenpause oder -druckverminderung hörbar würde. Kreislers manuelles Geschick beruhte offenbar auch auf einer speziellen Formung der Gliedmaßen: seinem im Verhältnis zum übrigen Körper zu kurzen rechten Arm, der ihn nur selten die äußerste Bogenspitze verwenden ließ.[140] Der entschieden *legato* eingesetzte Bogendruck in hohem Tempo führt nicht nur die Einzeltöne präzise aus, sondern ermöglicht auch eine kontrollierte Dynamik im *Pianissimo*. Er verleiht dem Charakter des Stückes eine exakte Mechanik und bringt Bach zugleich nachgerade federnd zum Tanzen. (Eine ähnliche Technik findet sich übrigens auch in der *Gavotte en rondeau* aus derselben *Partita* angewendet, die Kreisler 1916 mit Carl Lamson aufnahm.)

Im gleichen Jahr debütiert Kreisler mit den Berliner Philharmoniker unter Arthur Nikisch. Ein Ohrenzeuge erinnert sich rückblickend gegenüber dem Geiger:

> »In der Loge neben mir saß der große Joseph Joachim, ein faszinierter Zuhörer, während Sie [Kreisler] das Mendelssohn-Konzert spielten, das er mehr als vierzig Jahre zuvor mit dem Komponisten studiert und gespielt hatte. Nach dem Konzert fragte ich Joachim nach seiner Meinung über Ihr Spiel, und er sagte: ›Ich bin sehr beeindruckt. Kreisler ist nicht nur ein großer und sehr eigenständiger Geiger, sondern auch eine ausgeprägte Musikerpersönlichkeit.‹«[141]

Kreisler hatte Joachim, der (wie er selbst betont) »sehr starken Einfluß« auf ihn ausgeübt habe,[142] bereits viel früher kennengelernt. Joachim hatte viele Jahre zuvor Kreislers Quartettspiel etwas pedantisch für seine fehlende Genauigkeit im Zusammenklang der Einzel-

139 N. N., »Aus dem Konzertsaale. Fritz Kreisler«, in: *Grazer Volksblatt*, 12.2.1912, S. 1–2.

140 Vgl. Flesch, *Die Kunst des Violinspiels*, Bd. 2, Berlin 1928, S. 75, und ders., *Erinnerungen eines Geigers* (Anm. 3), S. 88.

141 Geburtstagsbrief von Arthur Abell an Fritz Kreisler, Übersetzung des Originalzitats bei: Biancolli, *Fritz Kreisler* (Anm. 11), S. 64.

142 Lochner, *Fritz Kreisler* (Anm. 4), S. 52.

stimmen kritisiert, in ähnlicher Weise wie dies offenkundig schon Arnold Rosé im Hinblick auf das Orchesterspiel Kreislers getan hatte. Und angeblich versuchte Joachim damals Kreisler dazu zu bewegen, seine eigenen Lehrkurse zu besuchen: möglicherweise, um ihm eine Alternative zu den bei ihm gewiss spürbaren »franko-belgischen« Einflüssen zu bieten. Kreisler bekannte zwar später, dass sich zwischen Joachim und ihm anlässlich verschiedener Besuche in Berlin eine herzliche Beziehung ergeben habe – sein künstlerisches Vorbild sei aber Ysaÿe geblieben.[143]

Besser messbar in seiner Wichtigkeit für Kreislers Erfolge in London war indes Hans Richter, den der Geiger noch aus Wien kannte und der ihn im Mai 1902 zu einem Konzert mit den Londoner Philharmonikern in die St. James's Hall einlud. Die Reaktion des gewohnt reservierten Londoner Publikums war zwar verhalten, doch in der folgenden Saison wurde Kreisler angeblich bereits als dessen erklärter Liebling gefeiert. 1904 erhielt er die Goldene Beethoven-Medaille der Londoner Philharmonischen Gesellschaft, 1906 versprach ihm Edward Elgar ein Violinkonzert, das Kreisler 1910 in der Queens Hall uraufführte und danach zwischen St. Petersburg und Chicago mit dem Komponisten zusammen vortrug. Es gab Einladungen in den Buckingham Palace und Vorspiele vor King Edward VII und dem Prince of Wales. Der Umgang Kreislers mit den Medien, die Entwicklung persönlicher Netzwerke und die Gestaltung seines Konzertkalenders wurden zunehmend professioneller.[144]

Klassische Manuskripte

Auch die Programmgestaltung Kreislers wurde nun geschickt weiterentwickelt. Dabei ging es vor allem um ein ausgewogenes Verhältnis zwischen Werken, die zum einen seine Anerkennung als Künstler auf Augenhöhe mit den Meistern der Vergangenheit förderten, zum anderen aber auch ein möglichst breites Publikum ins Konzert zu locken vermochten. Diese Mischung traf der Komponist

143 Ebd., S. 53.

144 Vgl. zu diesen Informationen ebd., S. 98 ff.

Kreisler mit seinen 1910 erstmals veröffentlichten *Klassischen Manuskripten.*[145] Es handelt sich dabei um eine Sammlung kurzer Stücke, als deren Urheber Kreisler verschiedene Komponisten des 18. Jahrhunderts angab; Komponisten, die den meisten Konzertbesuchern wohl bestenfalls namentlich geläufig waren. Eigentlich hatte er die Stücke aber selbst verfasst und nicht einfach nur arrangiert. Kreisler stieß damit in eine Marktlücke vor: Einerseits knüpfte er etwa an Alfred Moffats oder Willy Burmesters bekannte Übertragungen von klassischen »Meisterwerken« und deren zahlreiche *Style-ancien*-Übungen an, aber auch an den Tonfall beliebter Salonstücke zum Beispiel von Henryk Wieniawski, Henri Vieuxtemps oder Pablo de Sarasate. Und andererseits verstärkte er das Bedürfnis eines breiten Publikums nach solcher Musik nachhaltig, indem er mit seinen Stücken Werke vorlegte, die einen modernen Blick auf die Vergangenheit warfen: einen Blick, der das effektvolle Virtuosentum des 19. Jahrhunderts nachgerade ausklammerte und das 18. Jahrhundert unverhüllt mit den Mitteln einer modernen Zeitgenossenschaft reflektierte. Das Ergebnis waren Stücke von ausgeklügelter Technik und erfindungsreicher Klarheit, anspruchsvoll in ihrer Gedankenfülle und eingängig in ihrer Prägnanz. Weil Kreisler selbst nicht als Autor erschien, trat er als Geiger immer deutlicher in den Vordergrund. Dabei bot er Werke in traditionellem Gewand dar, die unter den Fingern ihres Interpreten verlockend zeitgemäß klangen. Kreisler verkaufte von den *Klassischen Manuskripten* in den ersten sechs Monaten nach Erscheinen angeblich 70 000 Exemplare[146] und löste unter seinen Kollegen eine wahre »Transkriptionitis« aus.[147]

In ihrer Weise einmalig sind Kreislers Stücke dennoch geblieben, da sie sich jeder eindeutigen Zuordnung zu einem Genre entziehen: Sie zählen weder zur (gewichtigeren) Opusmusik der »Klassiker« noch sind sie allein funktionale Stilübungen; sie gehören weder zweifelsfrei der Sphäre des Konzertsaals noch der des Salons an. Und Bearbeitungen wie die eines angeblich von Gaetano Pug-

145 Fritz Kreisler, *Klassische Manuskripte: Violine und Klavier*, Mainz 1910.

146 Vgl. Kolneder, *Das Buch der Violine* (Anm. 79), S. 493.

147 Flesch, *Die Kunst des Violinspiels* (Anm. 140), S. 109 f.

nani stammenden *Menuetts* schillern in ihrer Klangwirkung so raffiniert, dass man sie tatsächlich lange Zeit glaubwürdig dem italienischen Frühklassiker zuordnen wollte, obwohl Kreisler das Stück ganz bewusst mit moderner Harmonik und hochbarockem Kontrapunkt anreicherte.

Über die Herkunft der *Klassischen Manuskripte* hat Kreisler selbst zahlreiche Geschichten verbreitet. Einem englischen Musikologen band er die Mär auf, er habe die Manuskripte in einem der »ältesten Klöster Europas« entdeckt und eines davon auf seine Manschette zu kopieren versucht. Ob dies wirklich nötig war, da Kreisler ja über ein fotografisches Gedächtnis verfügte, wird nicht weiter thematisiert. Ohnedies sei er aber von den Mönchen daran gehindert worden, und er habe sie schließlich davon überzeugt, das Konvolut – am Ende für eine beträchtliche Summe – an ihn zu verkaufen. Der *New York Times* erzählte er von einem alten Konvent in Südfrankreich als Fundort, dem *New York Herald*, dass er ca. 8000 Dollar (nach heutigem Geldwert ca. 200 000 Dollar) dafür bezahlt habe.[148] Harriet Kreisler hat später einmal trocken bemerkt, dass die Kloster-Geschichten purer Schwindel gewesen seien: Die Namen habe sich Kreisler aus dem *Grove's Dictionary* herausgesucht.[149] Im Falle des ersten Stückes der *Manuskripte*, der *Chanson Louis XIII*, lässt sich aber immerhin eine andere Quelle nachweisen. Kreisler fand das Stück vermutlich über den (bereits im Jahr seines ersten Paris-Aufenthalts erschienenen) Katalog des *Conservatoire*, den der langjährige Bibliothekar Jean-Baptiste Weckerlin herausgegeben hatte. Das Stück wurde dort jedenfalls im Notenbild abgedruckt: Es handelt sich um »Tu crois ô beau soleil« von ca. 1630, dessen erste acht Takte Kreisler nahezu unverändert übernahm – um es dann aber frei weiterzuentwickeln.

Nachvollziehbar erscheint, dass Kreisler ausgesprochen detailversessen an seinen Stücken arbeitete und sich erst nach vielen Durchläufen im Konzert zum Druck entschloss.[150] Die Wirkung war die erwünschte. Kreislers Persönlichkeit wurde mit dem Esprit

148 Vgl. Lochner, *Fritz Kreisler* (Anm. 4), S. 88 f.

149 Vgl. ebd., S. 89.

150 Vgl. ebd., S. 89 f.

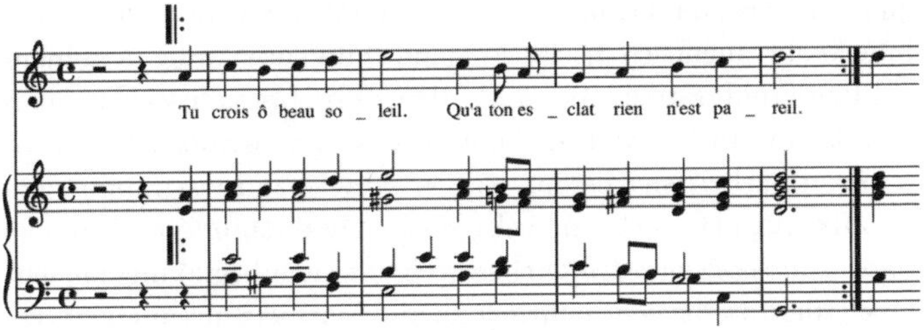

Abb. 3a Louis XIII, *Tu crois ô beau soleil* (um 1630), T. 1–4[151]

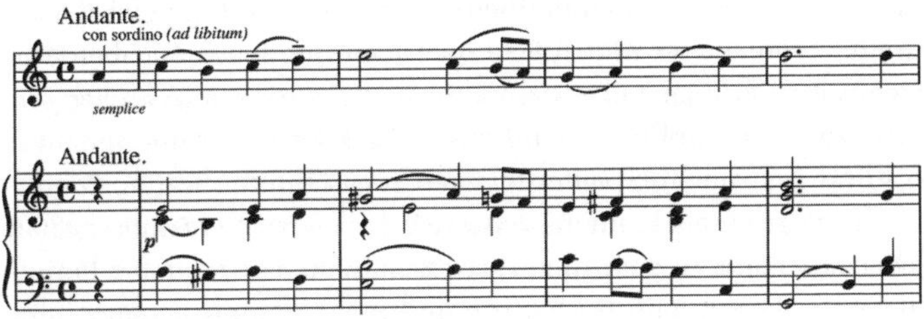

Abb. 3b Fritz Kreisler, »Chanson Louis XIII et Pavane«, T. 1–4

seiner Stücke kurzgeschlossen, wie eine Kritik von 1909 (als er die noch ungedruckte Musik im Konzert ausprobierte) verrät:

> »Kreisler eignete sich bewußt oder unbewußt etwas von der Art jener Virtuosen an, deren Musik er so liebevoll pflegt. Er selbst sieht ernst und elegant aus, wenn er spielt. Er benimmt sich mit ruhiger Würde und seine Persönlichkeit strahlt das aus, was man im 18. Jahrhundert gern mit ›Geschmack‹ bezeichnete.«[152]

In *La Précieuse*, einem der Stücke, die Kreisler Louis Couperin zuschrieb (obwohl es von diesem nur eine *Allemande* gleichen Titels gibt, die aber mit seiner Komposition gar nichts zu tun hat), konnte der Geiger beispielsweise mit einer *Cantabile-legato*-Technik glänzen: Kreisler wendete dabei ein eindringliches *Tenuto* des Bogen-

151 Nach Jean Baptiste Weckerlin, *Catalogue bibliographique, orné de huit gravures*, Paris 1885, S. 197.

152 »Boston Transcript« vom 23.10.1909, nach Lochner, *Fritz Kreisler* (Anm. 4), S. 107.

spiels an, das eine Erfindung des 19. Jahrhunderts und damit eine aktuelle Errungenschaft der Geigentechnik war, aber in seinem wohldosierten Einsatz dennoch den vornehm zurückhaltenden *goût* des 18. Jahrhunderts heraufzubeschwören vermochte.[153]

Zwar hat Kreisler betont, dass er vorwiegend Programme jenseits des populären Geschmacks gespielt und damit vor allem das klassische Repertoire mit Orchester- und Klavierbegleitung bedient habe. Hierunter fielen natürlich auch die seinerzeit gängigen (zumeist noch von Kreisler für sich selbst eingerichteten) Konzerte von Bach, Beethoven, Brahms, Bruch, Tschaikowsky, Elgar, Paganini, Saint-Saëns, Sibelius, Spohr, Vieuxtemps oder Viotti. Zugleich allerdings verbreitete er in den Schlussabschnitten (bzw. Zugabeteilen) seiner Konzerte jene eigenen Violinstücke wie die *Klassischen Manuskripte*, die punktgenau auf das zeitgenössische Kunstverständnis und die eigenen Spielfertigkeiten zugeschnitten waren. Popularität erlangte Kreisler auf diese Weise bei einer breiten Zuhörerschaft zwischen London, Berlin und Paris. Bald folgten seine ersten Phonographen-Aufnahmen, 1910 wurde mit der Londoner Gramophone Company (Victor) ein Exklusivvertrag abgeschlossen.[154] Kreisler vernetzte sich immer vielseitiger in der Musikwelt: 1908 beispielsweise wurde er im Rahmen einer Konzerttournee näher mit Gustav Mahler bekannt und lernte in Wien den späteren Duopartner Sergej Rachmaninow kennen. Seit dem Sommer 1910 spielte Kreisler immer wieder auch Kammermusik mit den Geigern Eugène Ysaÿe und Jacques Thibaut, dem Cellisten Pablo Casals und dem Pianisten Raoul Pugno.[155]

1909 konnte ein Kritiker Kreisler als »erste(n) Geiger der Gegenwart«[156] und 1912 ein anderer ihn als international führenden »Meister« ansprechen, der seine eigenen früheren Schwächen besiegt, vor allem aber den Ton der aktuellen Geigenkunst nicht nur geprägt, sondern eigentlich erfunden habe:

153 Vgl. Thomas Füri, »I Pezzi Brevi di Fritz Kreisler sono ancora attuali?«, in: *A tutto arco* 3 (2009), S. 27.

154 Vgl. ebd., S. 112.

155 Vgl. ebd., S. 115–118.

156 N. N., »Konzert und Ball der österreichisch-ungarischen Kolonie in London«, in: *Pester Lloyd*, 18.6.1909, S. 6.

»Freilich kann man Fritz Kreisler den amerikanischen Geigen-Reformator nennen. Er ist der Vater des modernen Geigertums, er hat in Amerika den mätzchenhaschenden, auf Bluff ausgehenden Virtuosen den Krieg angesagt und Musiker der Geige herangezogen, er brachte die künstlerische Intelligenz des Geigers zu Ehren und schuf den Geigertyp, der allein in Amerika Triumpfe [sic] feiert: Den ernsten Musiker, der Ton und Technik nur als Ausdrucksmittel gebraucht, nicht als Selbstzweck, der aber seinen Ton unentwegt pflegt, sich klarster und präzisester Reinheit befleißigt und alles technische unbedingt ehrlich mit nimmermüder Geduld bis ins kleinste studiert. In diesem Sinne wurde Fritz Kreisler ein Meister des Musizierens auf der Geige.«[157]

Neue Meisterschaft

Eine Erklärung für Kreislers Publikumserfolg und die so neuartige Ausstrahlung von Beständigkeit könnte im privaten Umfeld gefunden werden: Harriet Woerz begegnete ihrem späteren Mann zwar erst, nachdem dieser seinen unverwechselbaren Geigenklang entwickelt und seinen Durchbruch erlebt hatte. Aber angesichts von Kreislers Vorliebe für üppige Speisen und berauschende Getränke, schnelle Autos und Spekulationsgeschäfte (er verlor 1929 beim New Yorker Börsenkrach offenbar riesige Summen)[158] war sie doch diejenige, die sein Leben in seriöse Bahnen lenkte und nicht zuletzt für eine gewinnträchtige Verbreitung seiner Musik sorgte. In der Zeit nach der Heirat bis zum Beginn des Ersten Weltkrieges wohnten die Kreislers in Berlin, sahen aber vor allem London als ihren Geschäftssitz an – nicht zuletzt wohl deswegen, weil sie die USA als Musikmarkt immer stärker in den Blick zu nehmen begannen. Angeblich absolvierte Kreisler in einer besonders regen Konzerttätigkeit des Oktober 1912 32 Konzerte in 31 Tagen und 1913 allein sieben Auftritte in New York. In jenem Jahr verbrachte Kreisler angeblich nur drei Wochen in seiner Berliner Wohnung und gab über 200 Konzerte in Russland, Frankreich, Deutschland, Holland, Belgien, Italien, England, Rumänien, in Österreich und Amerika.[159] Harriet Kreisler bemühte sich erfolgreich darum, dass ihr Mann

157 N. N., »Aus dem Konzertsaale. Fritz Kreisler« (Anm. 139), S. 1.

158 Vgl. Lochner, *Fritz Kreisler* (Anm. 4), S. 104 f.

159 Vgl. ebd., S. 119 f. Vgl. hierzu auch den Bericht der *New York Sun*, 28.10.1913.

sein Repertoire erweiterte, dass er an jedem neuen Stück eine gewisse Zeit übte und dass vor allem die Honorare seiner wachsenden Bekanntheit entsprechend erhöht wurden:[160] Mittlerweile verdiente er angeblich bis zu 1000 Dollar pro Abend.[161]

Was macht den neuen Geist des »Meister«-haften bei jenem Fritz Kreisler aus, der so lange als verwahrlostes Talent beargwöhnt wurde? Glaubt man der zeitgenössischen Kritik, sind es vor allem zwei Momente: zum einen der von Massart in Paris vermittelte unbedingte Ausdruckwille als »überschäumendes, lebensbejahendes Kraftgefühl«, dessen »Uebermut durch großen Musikverstand veredelt« werde;[162] zum anderen eine wohlbedachte Lebendigkeit der Gestaltung von Rhythmus und Metrum, eine Fähigkeit, »den Rhythmus bei starker Impulsivität (...) ehern konstant zu erhalten«,[163] die häufig mit seiner Verbindung zur »Wiener« Geigenschule der Hellmesberger-Dynastie, zu einem gewissen Anteil auch zum musikalischen Strukturdenken Joseph Joachims oder Arnold Rosés erklärt wird. Wie aber lässt sich das »Überschäumende« und das »Wohlbedachte« bei Kreisler zusammenbringen?

Interessant erscheint die offenbar zeitgleiche Prägung Kreislers durch Joseph Hellmesberger jrs. »Wohllaut« (seine Neigung zum rubato- und vibratoreichen Spiel wie zu den Unterhaltungsgenres der Wiener Volksmusik) und Joseph Joachims wie Arnold Rosés gedankenscharfe »Kühle« (in der Gliederung musikalischer Zusammenhänge, vorzugsweise an Werken Beethovens). Der Kontrast zwischen der »Wiener« Geigenschule Hellmesbergers und dem, was aus den Lehren Joachims und Rosés heraus später als Aufführungstradition der »Wiener Schule« Arnold Schönbergs namhaft gemacht wurde, liegt dabei auf der Hand. Zugleich aber wird Kreisler beständig als legitimer Erbe einer Wiener Geigentradition bezeichnet. Von welchen Vorbildern ließ er sich dabei also anregen?

Der Geiger Rudolf Kolisch, Schwager, Freund und Interpret Schönbergs, hat den Begriff »Viennese espressivo« geprägt und mit ihm eine kompositionsgeschichtliche Traditionslinie zu benennen

160 Vgl. ebd., S. 90 f.
161 Vgl. ebd., S. 103.
162 E. B., »Konzert Fritz Kreisler« (Anm. 128), S. 7.
163 Ebd.

versucht. Diese sah ihre Wurzeln im 18. Jahrhundert und brachte sich hierin als Mitbewerber um die angemessene Deutung der »Wiener Klassiker« in Stellung. Schönberg habe, so Kolisch, dieses »Viennese espressivo« »in unserer abendländischen Musik« nach Beethoven »fortgesetzt« und gezeigt, wie »die traditionelle Wiener Musik aufgeführt werden« müsse.[164]

Kreisler ist von Joachim und Rosé nie unterrichtet worden, und es wurden ihm sogar gewisse persönliche Differenzen mit beiden nachgesagt. Dennoch ist eine Verbindung mit der Interpretationspraxis Schönbergs in mancher Hinsicht kaum von der Hand zu weisen. Schönberg und Kreisler sind in jungen Jahren befreundet: Es gibt ein berühmtes Foto, das 1900 im Sommerfrischeort Payerbach enstand und Kreisler in einem kuriosen Quintett mit dem Hornisten Louis Savart, dem Baurat Karl Redlich (einem leitenden Ingenieur der Donau-Regulierungs-Kommission, Mäzen und Multimillionär) an der Flöte, dem Sänger und Komponisten Eduard Gärtner (dessen Lied »Aus Wien« sein Freund Kreisler später zu einem Welthit machte) an der Violine und Schönberg am Cello zeigt. Schönberg erinnert sich, dass er mit Kreisler damals »viel Quartett« gespielt habe. Bei Redlich kamen seine Gäste am Wochenende in dessen Villa in Reichenau zusammen »und benütz(t)en gerne seinen Tennisplatz«[165].

Gemeinsam mit Schönberg hat Kreisler aber nicht nur musiziert, sondern etwa auch seine Beethoven-Kadenz besprochen, deren »Zusammenfassung verschiedener Themen in fugenartiger Form« Schönberg angeblich bewundert habe.[166] Kreisler hat einmal erwähnt, mit ihm 1899 in Payerbach auch darüber gesprochen zu haben, Schönbergs *Verklärte Nacht* (das tatsächlich in jener Zeit entstand) von einem zunächst als Streichtrio geplanten Werk in ein Sextett zu verwandeln.[167] Später dachte Schönberg immer wieder

164 Rudolf Kolisch, zit. nach Richard Hoffman/Leonard Stein, »Reminiscences: A Schoenberg Centennial Symposium at Oberlin College«, in: *Journal of the Arnold Schönberg Institute* 8/1 (1984), S. 59–77, hier S. 70.

165 Brief von Arnold Schönberg an Louis P. Lochner vom 26.1.1950 (Arnold Schönberg Collection, Library of Congress, Washington, DC), online einsehbar in der Briefdatenbank des Arnold Schönberg Center, Wien (ID: 5334).

166 Fritz Kreisler, zit. nach Lochner, *Fritz Kreisler* (Anm. 4), S. 42.

167 Vgl. Biancolli, *Fritz Kreisler* (Anm. 11), S. 149 f.

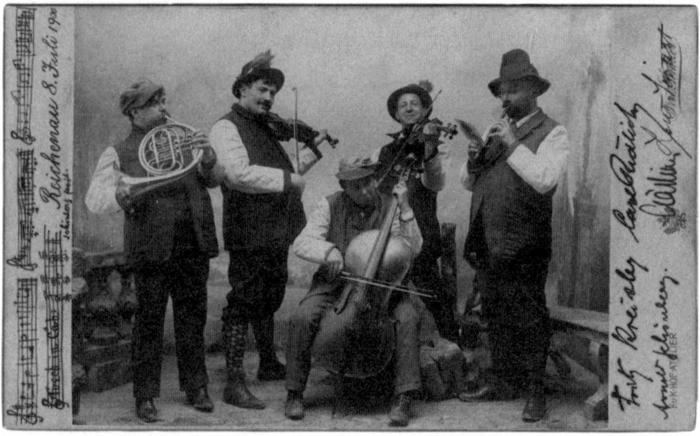

Abb. 4 Quintett mit Louis Savart, Horn, Fritz Kreisler, Violine, Arnold Schönberg, Violoncello, Eduard Gärtner, Violine und Karl Redlich, Flöte. Payerbach (1900)

an »unser(en) Freund Kreisler«.[168] Und 1927 bekannte er sogar, dass er sich »mit dem Gedanken (trage), ein Violinkonzert zu schreiben, das, wie ich hoffe, von Kreisler in die Oeffentlichkeit eingeführt werden wird. Ich möchte hier der Musik für Violine eine neue Anregung geben.«[169] Kurz zuvor hatte Schönberg (mutmaßlich) ein viel umjubeltes Konzert mit Kreisler und Michael Raucheisen in der Berliner Philharmonie gehört.[170] Einige Jahre später noch meldet Schönberg an seinen Verleger,

> »ein Stück zu schreiben, das ich schon lange zu schreiben versprochen habe und wegen anderer Arbeiten immer wieder verschoben habe. Nämlich ein Solostück für Geige (für Fritz Kreisler) oder für Violoncell (für Casals), das steht aber noch nicht fest, mit Orchesterbegleitung, ein Konzertstück in mehreren

168 Brief von Arnold Schönberg an Karl Redlich vom 1.4.1903 (Arnold Schönberg Collection, Library of Congress, Washington, DC), online einsehbar in der Briefdatenbank des Arnold Schönberg Center, Wien (ID: 23611).

169 N. N., »Wohin geht die deutsche Musik? Ein Schönberg-Interview in Paris«, in: *Berliner Börsen-Zeitung*, 16.12.1927 (Abend-Ausgabe), S. 4.

170 Vgl. Schönbergs Kalendereintrag am Tag des Philharmoniker-Konzerts vom 24.11.1927. Ende der 1920er Jahre führte Schönberg Kreislers Berliner Telefonnummer in seinen Adressbüchern (vgl. dazu Schönbergs entsprechende Kalender und Adressbücher im Arnold Schönberg Center, Wien).

> Sätzen, brillant und dankbar, tonal und nicht schwerfasslich, aufgebaut auf einem Stück von Bach, einer ›Invention für Klavier‹; aber doch eine ganz selbständige Komposition.«

Es sollte in vier bis sechs Wochen fertig sein und 20 Minuten dauern; der Plan zerschlug sich aber alsbald.[171] Noch in der Emigrationszeit bezeichnet Schönberg Kreisler als »great Jewish (...) artist«.[172]

Im Umfeld der »Wiener Schule« gab es eine größere Schnittmenge von gleichgesinnten Bekannten, mit denen Schönberg wie Kreisler in künstlerischem Austausch standen. Kreisler trat mit Ferruccio Busoni auf,[173] Gustav Mahler und er schätzten einander »sowohl als Menschen wie auch als Künstler außerordentlich«[174]. (Im März 1910 etwa führten Mahler und Kreisler mit den New Yorker Philharmonikern das Brahms- und das Beethoven-Konzert auf.) Schönbergs erster Schwager, der Komponist Alexander Zemlinsky, hat verschiedentlich als Dirigent und »eminenter Interpret«[175] gemeinsam mit Kreisler das Violinkonzert Beethovens aufgeführt. Schönbergs zweiter Schwager Kolisch hatte Stücke Kreislers in seinem Geigenrepertoire.[176] Und der Pianist Artur Schnabel war für Kreisler derjenige, der Beethovens, Schuberts und sogar Brahms' Klavierwerke am angemessensten interpretierte (auch wenn er die atonalen Kompositionen Schnabels erschreckend fand).[177]

Schönberg hat einmal festgestellt:

> »Das oberste Prinzip aller musikalischen Reproduktion müsste sein: was der Komponist geschrieben hat, auf solche Weise zum Klingen zu bringen, dass

171 Brief von Arnold Schönberg an Wilhelm Hansen Musikverlag vom 24.5.1932 (Arnold Schönberg Collection, Library of Congress, Washington, DC), online einsehbar in der Briefdatenbank des Arnold Schönberg Center, Wien (ID: 2241).

172 Arnold Schönberg, *When we young Jewish Austrian Artists*, 29.3.1935 (Arnold Schönberg Center, Wien, Signatur T19.09), online einsehbar in der Textdatenbank des ASC.

173 Vgl. Lochner, *Fritz Kreisler* (Anm. 4), S. 101.

174 Ebd., S. 115.

175 Dr. v. B., »Musik. II. Philharmonisches Konzert. (Gestern im Neuen Theater)«, in: *Prager Tagblatt*, 26.1.1912, S. 5.

176 Vgl. etwa Kolischs Aufführung von Kreislers »Präludium und Allegro« anlässlich einer Konzert-Akademie in Traunkirchen, 12.8.1922.

177 Vgl. Howard Taubman, »Kreisler at 80«, in: *New York Times*, 30.1.1955, S. 9.

> jede Note auch wirklich gehört wird und dass alles, ob es nun gleichzeitig oder ungleichzeitig klingt, in einem solchen Verhältnis zu einander steht, dass keine Stimme in keinem Augenblick die andere verdeckt, sondern im Gegenteil dazu beiträgt, dass alle sich voneinander gut abheben«.

In solcher Denktradition hat Schönberg Kreisler als Künstler und »hervorragende(n) Solist(en)« geschätzt, der bestrebt sei, »jede kleinste Note zum Klingen zu bringen und in ein richtiges Verhältnis zum Ganzen zu setzen«.[178] Eine der frühesten erhaltenen Tonaufnahmen von Kreisler ist der als »Air« bekannt gewordene langsame Satz aus Johann Sebastian Bachs *Orchestersuite* D-Dur BWV 1068 von 1904. Sie ist ein erstaunliches Zeugnis von Kreislers Zugleich der technischen Kontrolle und expressiven Eindringlichkeit. Das »Air« ist eine in schlichter Zweiteiligkeit angelegte Unterform der Gattung Lied, welches bei Bach auch als einfaches Instrumentalstück in Erscheinung tritt. Bachs Satzgefüge entfaltet eine Oberstimmenmelodie in den Streichern über einem in regelmäßigen Achteln voranschreitenden *Basso continuo* im 4/4-Takt. Aus der Melodie entspinnt sich ein dichtes Gewebe von weiteren motivisch vernetzten Stimmen. In einer Transposition nach C-Dur hat der Violinvirtuose August Wilhelmj das Stück nur für die tiefste Saite der Geige mit Klavierbegleitung angelegt, für eine besondere Herausforderung an Technik und Intonation der Spielenden. Als solches erlangte es im Konzertbetrieb des 19. Jahrhunderts weite Verbreitung. Kreisler, der sich Wilhelmjs Fassung bedient, erkennt in dem Stück einen einzigen weitgeschwungenen Melodiebogen, der in der warmen Farbgebung der G-Seite nachgerade ohne Absetzbewegung phrasiert wird.

Auch wenn die Bestimmtheit mancher Portati heute mitunter unangemessen wirken mag: Kreisler gliedert das Stück als folgerichtiges Motivgeflecht und steigert die schlüssige Dringlichkeit des Vortrags gerade durch den beständigen Wechsel zwischen vielfältig schattierten Vibrato- *und* Non-Vibrato-Klängen. Schönberg hat bekanntlich ein übertriebenes Vibrato als »ebenso unausstehliche Manier« »wie das Portamento-Legato« bemängelt und dessen »äus-

178 Arnold Schönberg, *Zur Vortragslehre*, ca. 1932 (Arnold Schönberg Center, Wien, Signatur T35.50), online einsehbar in der Textdatenbank des ASC.

serst sparsamen« Einsatz empfohlen.[179] Als »geistig und nicht sentimental, geistreich und nicht gefühlvoll« beschrieb Rudolf Kolisch die von Schönberg geforderte Spielauffassung.[180] Solche Vorwürfe aber richteten sich noch in den 1920er Jahren nicht gegen Kreisler: Es ist zwar selbst angesichts einer Fülle überlieferter Tonträger schwer zu sagen, wie sein Vibrato tatsächlich geklungen hat, da die damalige Technik nur unzureichende Übertragungsmöglichkeiten bot.[181] Dass es aber überaus variabel und strukturiert am Geist der aufgeführten Musik ausgerichtet ist, lässt sich an zahlreichen seiner Aufnahmen als künstlerischer Grundanspruch verfolgen.

Theodor W. Adorno stellte 1925 nach einer Konzertaufführung fest: »Von den Solisten erinnere ich mich an Kreisler, dessen Geigenton immer noch schöner ist als aller Geschmack, der dagegen rebelliert (…)«.[182] Und zu einem späteren Zeitpunkt begründete Adorno diesen flüchtigen Eindruck:

> »Es gibt in der äußersten Strenge der Interpretation ein Moment der Freiheit, nicht das der *Insuffizienz* der Schrift, also des Hohlraums, der in ›objektiver‹ Musik dem Interpreten gelassen wird, sondern ein *prinzipiell* der Notation enthobenes *gestisches* Element – das Moment des Idiomatischen. Kreisler, Kolisch sprechen ihre Sprache nicht trotz sondern in der Strenge und hier ist der legitime Ort der Subjektivität des Interpreten. Kategorien wie Geigenton, Anschlag usw., überhaupt ein die Sprache des Instruments Sprechen. (…) Es bezeichnet das Moment der Wahrheit an der Virtuosität.«[183]

Dieser Gedanke verdient es, etwas genauer erläutert zu werden: Üblicherweise wird in der musikalischen Interpretationsforschung von der Trias zwischen Ausführendem, Werk und Publikum ge-

179 Arnold Schönberg, [*Vibrato*], ca. 1940 (Arnold Schönberg Center, Wien, Signatur T50.08), online einsehbar in der Textdatenbank des ASC, auch publiziert in: ders., *Style and Idea. Selected Writings*, hg. von Leonard Stein, London 1975, S. 345–347, hier S. 346.

180 Rudolf Kolisch, »Schönberg als nachschaffender Künstler«, in: *Musikblätter des Anbruch* 6 (1924), S. 306 f., hier S. 306.

181 Vgl. Mark Katz, *Capturing Sound: How Technology Has Changed Music*, Berkeley 2004, insb. S. 85–98.

182 Theodor W. Adorno, »Juni 1925«, in: ders., *Musikalische Schriften VI*, hg. von Rolf Tiedemann und Klaus Schultz, Frankfurt/M. 1984 (= *Gesammelte Schriften* 19), S. 59.

183 Theodor W. Adorno, *Zur Theorie einer musikalischen Reproduktion*, hg. von Henri Lonitz, Frankfurt/M. 2001, S. 74.

handelt.[184] Adorno deutet allerdings an, dass das jeweils verwendete *Instrument* diese drei Bestandteile entscheidend erweitert und zu einem Vierecksverhältnis macht.[185] Zunächst: Eine Geige verlangt in erster Linie zum Klingen gebracht zu werden. Ihre handfeste Körperlichkeit scheint dem für sie gedachten papiernen Notentext »enthoben«. Kreislers Klavierpartner Franz Rupp hat in diesem Zusammenhang zwei bemerkenswerte Beobachtungen zum Umgang des Geigers mit neuen Instrumenten und Bögen gemacht: In einem Geschäft in Schweden habe er Kreisler auf einer vergleichsweise preiswerten Violine spielen gehört. Sie muss erstaunlicherweise ganz ähnlich geklungen haben wie seine wertvollsten Instrumente. Bei einer anderen Gelegenheit wechselten Rupp und Kreisler, der auch ein ausgezeichneter Pianist war, die Seiten. Selbst aber auf dem Klavier muss Kreislers unverwechselbarer Ton wahrnehmbar gewesen sein: »Er hatte diesen Klang in seinem Kopf und konnte ihn aus jedem Instrument herausholen«,[186] fasste dies Rupp zusammen. Seine konzentrierte musikalische Vorstellungskraft ermöglichte Kreisler eine erhebliche Vielseitigkeit im Einsatz unterschiedlichster Techniken und Spielweisen. Ob er eine Beethoven-Sonate, eine Wiener Volksmelodie oder einem Barocktanz aufführte: Kreisler konnte die »Sprache des Instruments« dabei gleichermaßen bedienen, ohne seine Klangvorstellung den Eigenheiten des jeweiligen Spielwerkzeugs unterordnen zu müssen. Auf solche Weise verschränkte seine Vorstellung den abstrakten Notentext und den sinnlichen Instrumentenklang miteinander.

Kreisler bewunderte Schönberg um 1900, wiewohl er dessen späterer Wendung zur Atonalität nicht mehr folgen wollte. Darauf reagierte der alternde Komponist wiederum nachtragend.[187] Aber

184 Vgl. zum Thema etwa *Musikalische Interpretation*, hg. von Hermann Danuser, Laaber 1992.

185 Diesem Ansatz folgt neuerdings die historische Interpretationsforschung: Vgl. Kai Köpp, »Von der Quelle zur Methode. Zum Entwurf einer historischen Interpretationsforschung«, in: *Rund um Beethoven. Interpretationsforschung heute*, hg. von Thomas Gartmann und Daniel Allenbach, Schliengen 2019, S. 28–48.

186 Franz Rupp, zit. nach Dennis Rooney, »Instictive partnership. Franz Rupp Reminisces about Playing with Fritz Kreisler«, in: *The Strad* 98/1161 (1987), S. 31.

187 Vgl. Hope Stoddard, »Kreisler on Relativity in Music«, in: *International Musician* (March 1955), S. 10.

noch mit Kompositionen wie seinem a-Moll-Streichquartett von 1919 verrät Kreisler gewisse Ähnlichkeiten mit der Klangwelt des jungen Schönberg. Es zeigt sich hier eine ausgeklügelte, zugleich nachgerade improvisatorisch wirkende Satztechnik mit rhapsodischen Elementen im Kleinen und einer strengen Form im Großen – die Kreisler gegenüber Lochner einmal (vielleicht im Rückblick auf seine ästhetische Nähe zur historistischen Moderne um 1900) als »Bekenntnis zu Wien«[188] bezeichnete.

Musik aus »Alt-Wien«?

Manche Unterschiede zu Schönberg werden in der musikalischen Bezugnahme auf Wien aber zumindest an der Oberfläche ebenso deutlich wie die genannten Gemeinsamkeiten. Julius Korngold, Musikkritiker der Wiener *Neuen Freien Presse*, kommentierte 1923 einen Konzertabend mit dem Pianisten Alfred Grünfeld, Kreisler und seinem Bruder Hugo am Cello, die beide Schubert-Trios spielten, mit den folgenden Worten:

> »Auch Fritz Kreisler stilisiert das stilisierte Wienerisch Schuberts gleichsam noch einmal. Ein sozusagen dunkelgefärbter, seelisch vibrierender Schubert, für den es kennzeichnend ist, wie der Jodelmelodie des Andante im Es-Dur-Trio der Charakter einer gemütlichen Einkehr in sich selbst verliehen ist.«[189]

Es gab wohl keinen Musiker seiner Zeit, der ein so feinsinniges Gespür für das »stilisierte Wienerisch« besaß wie Kreisler. Wesentlich gefördert wurde es durch Kreislers Kenntnis der facettenreichen Wiener Geigenschule(n), aber auch durch das mindestens ebenso genaue Wissen um die Erwartungen, die mit solchen Schulen aus der Sicht eines internationalen Publikums (in Europa wie in den USA) verbunden waren.

Eines der berühmtesten Stücke, das mit Kreislers Wien untrennbar verbunden ist, trägt den Titel »The Old Refrain«. Das Werk stammt eigentlich aber (ungeachtet weniger Änderungen) von dem Wiener Komponisten Johann Brandl. Er hatte es 1887 als Lied »Du

188 Fritz Kreisler, zit. nach Lochner, *Fritz Kreisler* (Anm. 4), S. 162.

189 J[ulius]. K[orngold]., »Theater- und Kunstnachrichten«, *Neue Freie Presse*, 17.12.1923, S. 6.

alter Stefansthurm« für seine Operette *Der liebe Augustin* geschrieben. Brandl selbst nennt das Stück »Alt-Wiener« Lied, wie dies dem Zeitgeist der 1880er Jahre entsprach: Der »liebe Augustin« ist eine mythische Wiener Volksfigur aus dem Arsenal verklärter Erfindungen, wie sie in den Jahren des rasanten Bevölkerungswachstums zur Millionenmetropole und der Modernisierung des Stadtbildes (etwa mit der Neuanlage der Ringstraße) als nostalgisches Gegenbild zu einem beängstigend raschen Wandel entstanden. »Alt-Wien« beschwor das Lebensgefühl einer scheinbar intakten Biedermeier-Idylle: Diese stellte allerdings vor allem verklärte Erinnerungen an eine einfache und bescheidene Lebenswelt von früher aus, um den komplexer werdenden Lebenswelten der Gegenwart zu trotzen. Sie erklärte musikalisch insbesondere Franz Schubert zu ihrem Kronzeugen: Gipfelpunkt der »Alt-Wien«-Nostalgie war 1916 die Operette *Das Dreimäderlhaus* von Heinrich Berté, die ausschließlich Bearbeitungen von Melodien Schuberts verwendete, um dessen Lebensgeschichte in Szene zu setzen.

Bereits um 1930 aber verschiebt sich der Zeitraum, auf den sich der Begriff »Alt-Wien« bezieht: Kreislers überaus erfolgreiche Operette *Sissy* von 1932 bezieht sich in ihrer rückwärtsgewandten Sympathie für die Monarchie auf das mittlere bis späte 19. Jahrhundert. Das »Alt-Wien«-Klischee wird hier mithin auf das k.u.k-Reich und nicht mehr ein biedermeierliches Stadtidyll übertragen. Und es ist nur folgerichtig, dass Kreisler (ähnlich wie zuvor Berté) bereits bekannte Melodien für die Operette verwendet: ausnahmslos seine eigenen, die bereits als Sound eines nostalgischen »Alt-Wien«-Sentiments ins Bewusstsein des breiten Publikums übergegangen waren. Diese Melodien bezog die Nachkriegsgeneration aber nun eben nicht mehr auf das Biedermeier, sondern auf die Folgeentwicklung der franko-josephinischen Ära, die in der Ersten Republik dem verlorenen österreichischen Anspruch auf imperiale und internationale Größe nachtrauerte.

Kreisler hat das Stück Brandls von Amerika aus verständig bearbeitet, dabei musikalisch an entscheidenden Stellen ergänzt und es dann – ab einem gewissen Zeitpunkt – als sein eigenes ausgegeben. Dieser Prozess erinnert unter umgekehrten Vorzeichen an seinen Umgang mit den *Klassischen Manuskripten*: Der Komponist

Brandl war 1913 gestorben, offenbar erwartete Kreislers Verleger danach keine urheberrechtlichen Schwierigkeiten mehr. So jedenfalls wird der Autor Brandl in der amerikanischen Ausgabe von 1915 verschwiegen. Stattdessen ist im Untertitel von einem »Viennese Popular Song« die Rede, womit dem Stück von 1887 der Status eines althergebrachten Volkslieds verliehen wird. Die amerikanische Ausgabe widmet Kreisler marktstrategisch klug seinem »Freund« John McCormack, der einer der bedeutendsten Operntenöre seiner Zeit war und Triumphe insbesondere in London und New York feierte. Seine Popularität machte ihn zu einem der bestverdienenden Klassik-Stars seiner Zeit. Auf dem Titelblatt der amerikanischen Erstausgabe sind außer ihm noch andere Personen vermerkt, die das Lied in ihrem Repertoire zu haben versprachen: zum Beispiel Alice Nielsen, eine berühmte Broadway-Darstellerin und Sopranistin, die ihre eigene Operntruppe leitete; Julia Culp, eine bekannte niederländische Mezzosopranistin; die walisische Oratoriengröße Dan Beddoe oder der prominente Tenor Riccardo Martin, den Kreisler möglicherweise aus New York kannte.

Dem ursprünglich deutschsprachigen Text von Hugo Klein, der die Symbolkraft des Stephansturms als »Wächter uns'res deutschen Wien!« und des »Reiches Hort« beschwört, nimmt die Übersetzerin Alice Mattullath seine politische Stoßrichtung. Übrig bleibt ein »alte(r) Spruch« – »The Old Refrain«: Der neue amerikanische Text empfindet die Botschaft des Originals zwar in groben Zügen nach. Die Erinnerung an früher, verbunden mit der Sehnsucht nach verlorener Jugend, ist aber vollständig vom Lokalbezug zu Wien und der ideologischen Schlagseite des »Deutschen« entkoppelt. Und in Kreislers Adaption für Geige und Klavier wächst dem Lied ein Tonfall gedämpfter Melancholie zu, nicht zuletzt durch das gegenüber der Vorlage getragenere Tempo. Kleine, aber wesentliche Erweiterungen der Harmonik und neu einbezogene Mittelstimmen erhöhen zugleich die innere Lebendigkeit des Stücks. Darüber hinaus setzt Kreisler neue melodische Akzente wie zum Beispiel bei den letzten beiden Zeilen: »ein Hoch dem Wächter uns'res schönen Wien! Nimm' heut' die Grüsse deiner Kinder hin, ein Hoch dem Wächter uns'res schönen Wien!« bzw. »and to that memory my heart will cling«. Bei »uns'res schönen« findet sich zusätzlich ein

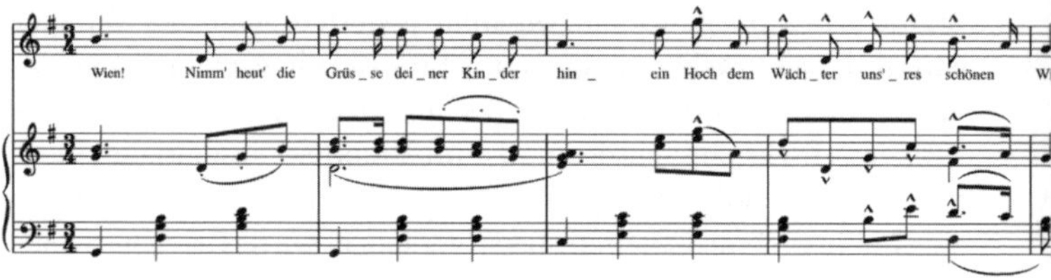

Abb. 5a Johann Brandl, »Du alter Stefansthurm«, T. 24–28

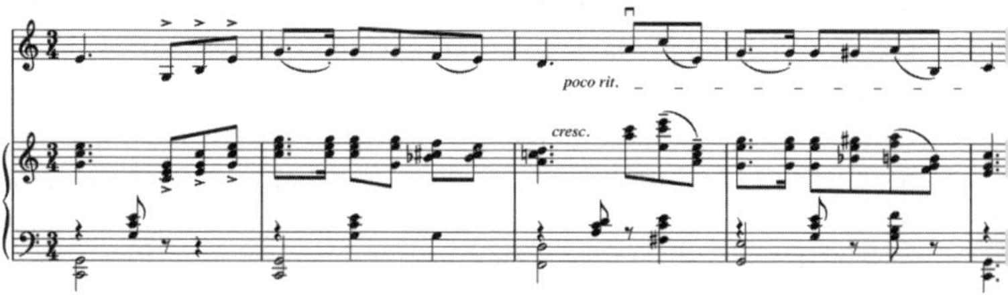

Abb. 5b Fritz Kreisler, *The Old Refrain* für Violine und Klavier, T. 26–30

chromatischer Leitton und das nachfolgende *c* eingebaut. Der Satzverlauf ist hierdurch flüssiger und folgerichtig gestaltet. Ebenso hat Kreisler im vorangehenden Melodiebogen die wenig sangliche Folge von Intervallsprüngen (Sept–Quart–Oktav–Quart) vereinfacht: Nun entsprechen einander die Schlüsse der beiden letzten Melodieabschnitte. Zugleich sind sie allerdings mit fein unterschiedener Agogik und Phrasierung voneinander abgesetzt, um Abwechslungsreichtum zu gewährleisten.

Erst in Kreislers Adaption des Liedes werden so auch Anklänge an die nostalgisch-zitathafte Welt des *Dreimäderlhaus* fruchtbar. Diese sind zugleich durch weitere stilistische Bezugnahmen sowie eine vielfältigere Harmonik und Rhythmik angereichert. Das angebliche »Volkslied« ist bei Kreisler, wie erwähnt, so nicht nur eine nachdrückliche Konstruktion aus zweiter bzw. dritter Hand, es soll offenbar auch als solche erkennbar werden: »Alla Viennese« lautet die Spielanweisung der gerade besprochenen Stelle. Solche Strategie lässt sich auch anhand zahlreicher Tondokumente Kreislers beobachten: In »Schön Rosmarin« beispielsweise sind die agogischen Mittel von Beschleunigung und Verlangsamung aus einer mit »Alt-

Wien« verbundenen Tanztradition bereits regelrecht mitkomponiert. Die Aufnahme mit Franz Rupp von 1938 zelebriert die überschießende und wieder kontrolliert eingeholte Energie in den perlenden Achtelkaskaden der Violinstimme. Die dem durchschnittlichen Puls des Stückes sozusagen vorauseilende Zeit wird unmittelbar danach wieder eingefangen, um ein musikalisches Gleichgewicht zu gewährleisten. Der Kunstgriff der Unregelmäßigkeit in Vorwegnahme und Aufschub, Beschleunigung und Beruhigung erzeugt dabei zugleich den Eindruck zwangloser Lebendigkeit.[190]

Wien als Marketingprodukt hat gewiss Kreislers gesamte internationale Karriere geprägt. Der manchmal schmale Grat zwischen Sentiment und Sentimentalität in Kreislers Komponieren und Spielen muss deswegen aber gerade in der Reflexion »sein(es) süße(n) und doch nicht weichliche(n) Ton(s)«[191] gesucht werden. (Die »Alt-Wien«-Nostalgie erhält übrigens nach der endgültigen Zerschlagung der Donau-Monarchie und der rasanten Modernisierung aller Lebensbereiche in den 1920er Jahren noch einmal einen besonderen Schub: mit Kreislers *Sissy*-Operette von 1932. Nahezu alle prominenten Melodien Kreislers treten in *Sissy* wieder auf, Brandls Lied allerdings nicht. Vor der Verwendung in einer eigenen Operette schreckte Kreisler womöglich aber dann doch aus urheberrechtlichen Gründen zurück.)

Julius Korngolds Hinweis auf das »Stilisierte« eines ohnehin schon »stilisiert Wienerisch(en)« bei Kreisler scheint auf den ersten Blick weit von dem entfernt zu sein, auf was Schönberg zielte. Was aber mochte dann Schönberg, für den musikalisches Denken jede Form von gekünstelter Stilistik im Zaum halten sollte, an Kreislers Geigenspiel? Vielleicht ist gerade der hochgradig reflektierte, »idiomatische« Umgang mit den Stilen der Tradition ein Schlüssel zur Erläuterung von Gemeinsamkeiten zwischen Kreisler und Schönberg: Das »Wienerische« ist kein an den Notentext herangetragener Zusatz, sondern wird aus dem Instrumentenklang heraus entwickelt und folgt der je eigenen kompositorischen Logik eines mit ihm

190 Vgl Füri, »I Pezzi Brevi di Fritz Kreisler sono ancora attuali?« (Anm. 153), S. 23f.
191 yy., »Theater und Musik«, in: *Montagsblatt aus Böhmen*, 29.1.1912, S. 6.

verbundenen Stücks. Und gerade das streng gegliedert »Stilisiert(e)« lässt bei einem Heurigen-Hit wie »Old Refrain« im Schmelz des Geigenklangs eine glasklare geistige Idee erkennbar werden.

Beethoven

Erwähnt wurde bereits, dass Schönbergs Vorstellungen von einer gelungenen Aufführung (nicht nur seiner eigenen Werke) sich auch auf Joseph Joachim und die Interpretationspraxis des Konzertmeisters des Wiener Hofopernorchesters und Schwagers von Schönbergs Mentor Gustav Mahler, Arnold Rosé, zurückführen lassen. Wichtig erscheint dabei die Überzeugung, dass Rosé sein Vibrato ökonomisch eingesetzt und gedankenscharf phrasiert habe;[192] und Beethoven dabei Joachims und Rosés Gradmesser für die Qualität aller Musik sei. Tatsächlich lässt sich am Beispiel der Auseinandersetzung Joachims, Rosés und Kreislers mit Beethovens Violinsonate op. 12, 1 Schönbergs Forderung nach einer »fein abgetönten, wohlerwogenen Wiedergabe der gedanklichen Verhältnisse«, mit »Aufbau in Tempo und Dynamik« sowie »eine(r) zweckmässige(n) Verteilung des espressivo und seines Gegenteils«,[193] in unterschiedlichen Abstufungen wiedererkennen.

Beethovens Violinsonaten op. 12 entstanden in den Jahren 1797 und 1798 und zeigen die Geige als gleichberechtigte Partnerin des Klaviers. Die erste der Sonaten in D-Dur setzt auf eine dialogische Entfaltung des Zusammenspiels zwischen Klavier und Violine. Ungewöhnlich für die Zeit sind dabei vermehrt eingesetzte rhythmische und modulatorische Freiheiten. Der 2. Satz (»Tema con Variazioni. Andante con moto«) bietet ein 32 Takte umfassendes Thema, dem vier Variationen und eine Coda folgen. Die Geigenstimme dieses Themas übernimmt Joseph Joachim exakt aus der alten Werkausgabe von 1862 in seine Edition, die 1901 von Peters vorgelegt

192 Vgl. hierzu Carmen Ottner, »›Arnold Rosé ist nicht bloß ein Wiener Meistergeiger ... er ist der erste Quartett-Spieler der Zeit‹ (Julius Korngold 1932)«, in: *Kammermusik zwischen den Weltkriegen. Symposion 1994*, hg. von ders., Wien 1995, S. 64–77.

193 Schönberg, *Zur Vortragslehre* (Anm. 178).

wird.[194] Im Gegensatz zu Joachim aber enthält Kreislers Ausgabe beim Schott-Verlag ein Jahrzehnt später instruktive Fingersätze, die ganz eigene Akzente setzen.[195] Kreisler betont die Eindringlichkeit der dunklen Klangfärbung des Themas, indem er dessen erste fünf Takte (ab T. 9 mit Auftakt) auf der D-Saite spielen lässt, obwohl die A-Saite ab dem zweiten Ton erheblich einfacher zu greifen wäre. Kreisler vermeidet zugleich bewusst die leere Saite und lässt das *a′* mit dem ersten Finger intonieren, das Sforzato im zweiten Thementakt mit dem dritten und die folgende Sechzehntel ebenfalls mit dem dritten, was ein nachdrückliches Portamento unter einem Bindebogen zur Folge hat. Im Takt danach wird in gleicher Weise vom *a* zum *h* der erste Finger nach oben verschoben (T. 11). In T. 13 und 14 zeigt sich mit dem Ziel einer größtmöglichen Intensität auf jedem Viertelschlag der erste Finger eingesetzt – in einer Art Hinaufarbeiten der Greifhand auf der A-Saite.

Überhaupt vermeidet Kreisler, wo es geht, den Einsatz des vierten Fingers – seiner Eigenheit und einer angeblichen körperlichen Schwäche Rechnung tragend. Dieser Kunstgriff hat allerdings auch für jeden anderen Spieler eine insgesamt lebendigere und dringlichere Tongebung zur Folge. Einzig im vorletzten Takt des Themas arbeitet der Geiger ein Flageolett mit dem vierten Finger heraus, um die formale Besonderheit dieses bereits bei Beethoven ganz für sich stehenden *d″* (T. 31) zwischen zwei gebundenen Tonfolgen hervorzuheben.

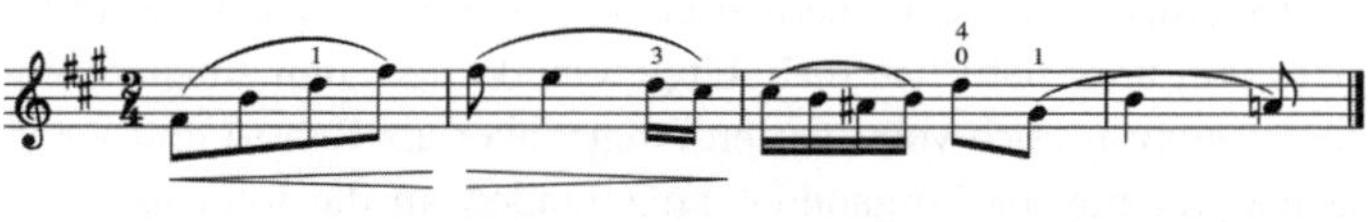

Abb. 6 Ludwig van Beethoven, *Violinsonate* op. 12 Nr. 1, 2. Satz, T. 29–32 (Kreisler)

Hierin spitzt Kreisler mit besonderer Delikatesse eine Idee von Aufführungspraxis zu, die entwaffnend offen gegen einen historischen

194 Ludwig van Beethoven, *Sonaten für Pianoforte und Violine. Neue Ausgabe von Joseph Joachim*, Leipzig: C. F. Peters 1901

195 Ludwig van Beethoven, *Sonate op. 12 No. 1 in D-Dur* [Bearb. von Fritz Kreisler], Mainz u. a.: B. Schott's Söhne 1911.

Konservativismus gerichtet ist: Das Flageolett am Ende des Themas erscheint mit Blick auf die geschichtliche Figur Beethoven kaum angemessen, ja dürfte von den Wächtern der klassischen Etikette als Regelverstoß empfunden worden sein. Als ästhetischer Bruch aber steht es zugleich in Abwägung zu einem wohlbegründeten strukturellen Gedanken, der den dramaturgischen und formalen Höhepunkt des gesamten thematischen Gebildes hervorhebt – und ihm zudem die zeitgemäße Lebendigkeit einer Kreisler-Interpretation von 1910 verleiht. Die geschichtliche Missachtung der Konvention verhilft zugleich einer ästhetischen Erkenntnis der Kompositionslogik zu spektakulärer Aufmerksamkeit.

Die Ausgabe von Arnold Rosé vom Beginn des Jahrhunderts (die sich übrigens auch im Schönberg-Nachlass befindet)[196] weicht stark von den Maßgaben Joachims und Kreislers ab. Das Sforzato in T. 10 beispielsweise stellt sich bei Rosé als ein Crescendo-Decrescendo-Bogen auf einem Ton dar; statt der punktierten Achtel mit Bindebogen stehen bei ihm Tenuto-Striche, in T. 14–16 erscheint eine größere an- und abschwellende Dynamikbewegung. Die Fingersätze sind zudem gänzlich anders gestaltet als bei Kreisler: Mehrfach arbeitet Rosé mit dem vierten Finger, insbesondere an dynamischen Höhepunkten (T. 10) oder sogar mit einer Rückbewegung des vierten Fingers von *ais''* nach *h* im Crescendo (T. 15), was den angemessenen Saitendruck bzw. eine genügende Klangstärke zur Herausforderung machen dürfte. Das der Phrasierung entsprechende Vierte-Finger-Flageolett des vorletzten Thementaktes bei Kreisler wird von Rosé natürlich nicht eingesetzt. Er lässt den entsprechenden Ton zwar auch vom vierten Finger, aber als Tenuto und – entgegen Beethovens Vorgaben – angebunden an die folgende Note ausführen.

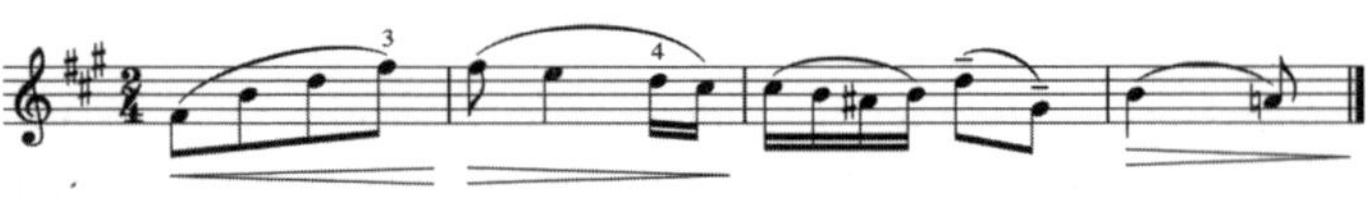

Abb. 7 Ludwig van Beethoven, *Violinsonate* op. 12 Nr. 1, 2. Satz, T. 29–32 (Rosé)

196 Ludwig van Beethoven, *Sonaten für Pianoforte und Violine*, revidiert und mit Fingersatz versehen von Arnold Rosé, Wien: Universal-Edition [ca. 1902]. Schönbergs Exemplar im ASC hat die Signatur SCO B52.

Kreislers Tonaufnahme der Violinsonate op. 12, 1 mit Franz Rupp (1935) ist viel später als die Notenausgabe entstanden. Sie verrät aber gleichwohl auch noch Wesentliches darüber, wie Kreisler die Interpretation des Stückes auf der Grundlage seiner Edition verstanden wissen wollte. Neben dem raschen Vibrato und der prägnanten Artikulation der linken Hand erscheint hierbei die Bogenführung von besonderem Interesse. Kreisler gebraucht ein unterbrechungsloses Legato mit starkem Bogendruck in engstem Ausführungsradius. Um die eindringliche Lebendigkeit auch kurzer Notenwerte zu erhöhen, verwendet der Geiger zu den punktierten Rhythmen stets getrennte Bögen mit kraftvollem Abstrich auf der jeweils kürzeren Note. Die festen Abstrichbögen dienen ihm auch bei lyrischen Passagen dazu, rhythmische Details innerhalb einer längeren Phrase plastisch zu artikulieren.[197] Der Vibrato-Einsatz erscheint dabei der kompositorischen Logik des Stücks angepasst: Er bewegt sich von eher weiten und langsamen Bewegungen zu Beginn zu einer enger und rascher vibrierenden Themenmitte hin und verschwindet gegen Ende ins fast Unhörbare.

Kreislers vielseitiges Vibrato und die biegsame Rhythmusgestaltung mögen den heutigen Hörenden vergleichsweise hoch dosiert erscheinen. Sie entsprechen im Kern aber einer ausgewogenen Suche nach »kontrollierte(r) Freiheit«,[198] die Struktur und Ausdruck in ein immer wieder neu abgewogenes Gleichgewicht zu setzen trachtet. (Vor diesem Hintergrund des geübten strategischen Blicks auf das Ganze eines Werkzusammenhangs ist es übrigens kein Zufall, dass Kreisler als Geigensolist ein ausgezeichneter Pianist war, der auch die Klavierstimmen seiner Begleiter beherrschte – und etwa mit Arthur Schnitzler vierhändig musizierte.[199]) Gibt es also doch eine Verbindung zwischen Kreisler und jenem »Viennese Espressivo«, das Rudolf Kolisch für die Schule Schönbergs in Anspruch genommen hat?

197 Vgl. Eric Wen, »Miniature Masterpieces«, in: *The Strad* 98/1161 (1987), S. 54–59.

198 Paul Stein, »Mastering rhythm, rubato, & Kreisler's La précieuse«, in: *Strings* 27/4 (2012), S. 24.

199 Vgl. Arthur Schnitzler, *Tagebuch 1893–1902*, Wien ^{2}1995 (Eintrag vom 26.10.1895), S. 159.

Kreislers wesentliche Sozialisation als Geiger fand in der Zeit vor 1900 statt und ist (anders als zum Beispiel bei Joachim oder Flesch) nicht in theoretischen Texten überliefert. Demgegenüber hat der eine Generation jüngere Kolisch zwar seine Vorstellungen über das »Espressivo« schriftlich festgehalten. Doch diese wurden erst formuliert, als sie musikgeschichtlich bereits aus dem Blickfeld des Zeitgeistes verschwunden waren – seit den 1940er Jahren, als »Ausdruck« in der Musik mithin schon unter dem Generalverdacht stand, nur mehr altmodische Rührseligkeit hervorzubringen. Insofern ist das »Viennese Espressivo« eigentlich eine »postexpressive« Kategorie. Dies bedeutet: In dem Moment, wo sie zum Gegenstand einer Theorie wurde, war sie als lebendige Praxis bereits Vergangenheit. Denn selbst da, wo sie als Vortragsanweisung technischer Art erschien, beschrieb sie kaum mehr eine Art Musik zu machen, sondern ein Geschichtsbild.[200]

Kolisch prägte den Begriff im Geiste der (Verlust-)Erfahrung der Flucht aus dem in Krieg und Barbarei versinkenden alten Europa mit dem Blickwinkel des amerikanischen Exilanten. Für ihn war die Idee einer Zusammenfassung musikalischer Gedanken zur Interpretationskultur eine theoretische Handlungsanweisung, entstanden aus der Befürchtung heraus, dass diese sonst unwiederbringlich verloren gehe. Kolisch beanspruchte vor diesem Hintergrund auch die geschichtlich verbürgte Verständigung mit Beethoven und damit eine Art Alleinvertretung des Zugangs zu dessen Werken. Zugangsberechtigung hatten lediglich die Vertreter der Schule Schönbergs. Diese Ausschließlichkeit verfolgte die verständliche Absicht, eine gültige Deutung der Kompositionstradition (die durch die NS-Kulturpolitik gewalttätig bedroht wurde) für Gleichgesinnte in Anspruch nehmen zu können.

Eine solche Anspruchshaltung wäre dem eine Generation älteren Kreisler Jahrzehnte zuvor nicht in den Sinn gekommen: Während das »Wienerische« für Kolisch im gedanklichen Nachhinein kein »Dialekt und Lebensgefühl, sondern (...) eine universal vor-

200 Vgl. Reinhard Kapp, »Von der Sprache der Seele«, in: *ÖMZ* 42 (1987), S. 292–300, hier S. 296.

gestellte Ausdrucks-Tradition«[201] war, bildete die Erfahrungsgrundlage einer »Wiener« Geigenschule um 1900 Kreislers klangliche Lebenswirklichkeit zwischen Musikverein, Revuetheater und Heurigenlokal. »Wienerisches« konnte bereits damals zugleich nostalgisch verkitscht, touristisch ausgebeutet oder aber als Teil einer geschichtsbewussten Musikkultur mit beharrlichem Ernst vorgetragen werden. Und Kreisler hatte akribisch gelernt, alle diese Varianten, um Adorno zu erinnern, in »idiomatische(r)« Strenge zur »Sprache« zu bringen. Entsprechend aber wusste er darum, dass es sich um eine künstlich erzeugte und entsprechend wandelbare Kultur handelte, die er mittrug. Musik war für ihn Teil einer kulturellen Gemengelage, in der neben Schönberg, Gustav Mahler und Alexander Zemlinsky auch Franz Lehár oder Erich Wolfgang Korngold als Vertreter der musikalischen Moderne Platz finden konnten.

Kreislers Offenheit gegenüber einer jederzeit wandelbaren Vielfalt war zugleich Ansporn und Bürde: Max Kalbeck betrachtete den Interpreten Kreisler als gelungene Verbindung eines »soliden Musikers« und »verwegenen Virtuosen«. Der Variantenreichtum seiner Tongebung und deren rhythmische Biegsamkeit müsse als das hervorstechendste Merkmal seiner Kunst gelten:

> »Man glaubt in jeder Variation ein andres Instrument zu hören, obwohl es immer derselbe edle Stradivarius ist, den Kreisler meistert. In dem Spiel dieses wienerischen Weltgeigers laufen alle Schulen und Stilarten zusammen; er ist Klassiker, Romantiker und Modernist zugleich, und, was die Hauptsache bleibt, ein ganzer Musiker.«[202]

Ein anderer Kritiker meinte gar verschiedene Virtuosen seiner Zeit am Werk zu hören:

> »Fritz Kreisler befriedigt mit seiner Vielseitigkeit eben alle Wünsche: Kraft und Größe von Ysaie, Kubeliks Technik, Feuer und Ausdruck Hubermanns und da-

201 Reinhard Kapp, »Noch einmal: Espressivo, insbesondere ›Wiener Espressivo‹«, in: *Eduard Steuermann. »Musiker und Virtuose«*, hg. von Lars E. Laubhold, München 2022, S. 189.

202 Max Kalbeck, »Fritz Kreisler«, in: *Neues Wiener Tagblatt* (Tages-Ausgabe), 17.2.1911, S. 15–16.

> bei das Süße, Edle des Tones, und das Vornehme, Musikalische der Auffassung, das wir an Marteau bewundern.«[203]

Gerade diese Vielfalt der »Schulen und Stilarten« zusammenzuhalten, ihr einen nachvollziehbar gegliederten Sinn zu verleihen, ist der Kern der Kunst Kreislers, die somit – trotz auffälliger Unterschiede – auch Bestandteile aus der Aufführungstradition der »Wiener Schule« in sich tragen mag. Was Kolisch bereits nachträglich als »Wiener« Tradition *(re-)konstruiert,* hat Kreisler von Beginn an in seinen umsichtigen Stilexperimenten *aufgesucht.* Vielleicht ist der Begriff »Viennese Espressivo« zu künstlich, um damit mehr als eine historische Idee benennen zu können. Doch Kreislers kunstvolle Künstlichkeit in der Stilisierung wechselnder geschichtlicher Ausdrucksformen war um 1900 dokumentierbare Wirklichkeit. Und weil Kreisler dabei eben nicht nur als Kind bei Hellmesberger in Wien, sondern auch bei Massart in Paris studierte, aufmerksam zuhörend von Joachim und Rosé lernte und schließlich (mit der Distanz des US-amerikanischen Blicks) einen höchst bedachtsamen Umgang mit dem »Idiom« seiner Geigen entwickelte, könnte bei ihm weniger von einem »Viennese«, sondern allgemeiner von einem »analytischen Espressivo« gesprochen werden.

203 b–, »Aus dem Konzertsaal. Fritz Kreisler«, in: *Grazer Volksblatt,* 13.1.1913, S. 2.

4 Drama und Glamour (1914–1930)

Wirklichkeitszerfall

In der k.u.k-Monarchie glaubten zahlreiche Intellektuelle der Zeit vor dem Ersten Weltkrieg, Zeugen einer unaufhaltsamen Auflösung ihrer gewohnten Lebensverhältnisse zu sein. Noch schlimmer aber war, dass dieser Zerfall für sie kaum mehr angemessen beschreibbar schien. Schon Robert Musil hatte sich nach der Jahrhundertwende an der Frage abgearbeitet, warum die Wirklichkeit und die dafür zur Verfügung stehende Sprache immer weniger übereinstimmten, wieso sich eine unüberbrückbare Kluft zwischen ihnen auftat und eine Art nervöse Endzeitstimmung als modernes Lebensgefühl hervorbrachte. Für den Wissenschaftstheoretiker Ernst Mach zeigte sich dieser »Gegensatz der wirklichen und der empfundenen Welt« in der unzureichenden Fassbarkeit durch den Einzelnen.[204] Und für den Kunstvordenker Hermann Bahr schien das »Ich« 1904 ohnehin nur noch ein »Behelf« zu sein, »den wir praktisch brauchen, um unsere Vorstellungen zu ordnen«.[205] »Hat dieses verzerrte Leben noch Wirklichkeit?«, fragte sich der Schriftsteller Hermann Broch,

> »hat diese hypertrophische Wirklichkeit noch Leben? (...) (D)iese Zeit scheint die Klimax des Unlogischen, des Antilogischen nicht mehr übersteigen zu können (...). Aufgelöst jedwede Form, ein Dämmerlicht stumpfer Unsicherheit über der gespenstischen Welt, tastet der Mensch, einem irren Kinde gleich, am Faden irgendeiner kleinen kurzatmigen Logik durch eine Traumlandschaft, die er Wirklichkeit nennt und die ihm doch nur Alpdruck ist.«[206]

204 Peter Stachel, »›... eine kleine Welt, in der die große ihre Probe hält‹. Hypothetische Fragen zur zentraleuropäischen Moderne«, in: *Das Ende der Eindeutigkeit. Zur Frage des Pluralismus in Moderne und Postmoderne,* hg. von Barbara Boisits und dems., Wien 2000, S. 17–26, hier S. 23 f.

205 Hermann Bahr, »Das unrettbare Ich (1904)«, in: ders., *Zur Überwindung des Naturalismus. Theoretische Schriften 1887–1904,* hg. von Gotthart Wunberg, Stuttgart 1968, S. 190.

206 Hermann Broch, »Die Schlafwandler. Eine Romantrilogie« [1931/32], in: ders., *Kommentierte Werkausgabe,* Bd. 1, hg. von Paul Michael Lützeler, Frankfurt/M. 1978, S. 418 f.

Die Gegenwart schien sich der Verstehbarkeit zu entziehen: Die Wirklichkeit ließ sich auf kein einheitsstiftendes Ziel mehr zurückführen und zerfiel in kurzlebige Zonen, die wie in einem Traum durchschritten wurden.

Dass aus einem solch überreizten Lebensgefühl »Krieg wurde, werden mußte, ist die Summe all der widerstrebenden Strömungen und Einflüsse und Bewegungen, die ich zeige«, vermerkte wiederum Musil 1926 rückblickend über den *Mann ohne Eigenschaften.*[207] Der dramatische Wandel, der mit dem Ersten Weltkrieg in Europa Raum griff, zog Tradition und Gottvertrauen den Boden unter den Füßen weg. Auch die Bedeutung von Kunst konnte nun kaum mehr wie selbstverständlich als eine tiefere Wirklichkeit des Lebens wahrgenommen werden. Sie musste sich vielmehr neu erfinden, um überhaupt noch als Teil dieses Lebens anerkannt zu werden. »Eine Generation«, so hat dies der Philosoph Walter Benjamin beschrieben, »die noch mit der Pferdebahn zur Schule gefahren war, stand unter freiem Himmel in einer Landschaft, in der nichts unverändert geblieben war als die Wolken und unter ihnen, in einem Kraftfeld zerstörender Ströme und Explosionen, der winzige gebrechliche Menschenkörper.«[208]

Kreisler erlebte den Weltenbrand zwar nur in einem vergleichsweise kurzen Moment seines Lebens als unmittelbar existenzielle Bedrohung. Und seine Begegnung mit dem Krieg war (vor diesem Hintergrund betrachtet) eine Art klar begrenztes Abenteuer. Dennoch blieben dessen langfristige Auswirkungen auch für ihn nachdrücklich spürbar. Während der Jahre vor 1914 hatte Kreisler als österreichischer Reserveoffizier regelmäßige Waffenübungen durchlaufen, sein Patent aber wegen der zahlreichen Konzert-Verpflichtungen einstweilen zurückgegeben. Zu einem Manöver nach dem russisch-japanischen Krieg 1908 rückte er dennoch ein;[209] und 1912 unterbrach Kreisler eine Amerika-Tournee, weil wegen eines

207 Robert Musil, »Was arbeiten Sie?«, in: ders., *Gesammelte Werke* (Anm. 27), Bd. II, S. 941.

208 Walter Benjamin, »Der Erzähler«, in: ders., *Erzählen. Schriften zur Theorie der Narration und zur literarischen Prosa*, hg. von Alexander Honold, Frankfurt/M. 2007, S. 103–128, hier S. 104.

209 Vgl. Lochner, *Fritz Kreisler* (Anm. 4), S. 121–123.

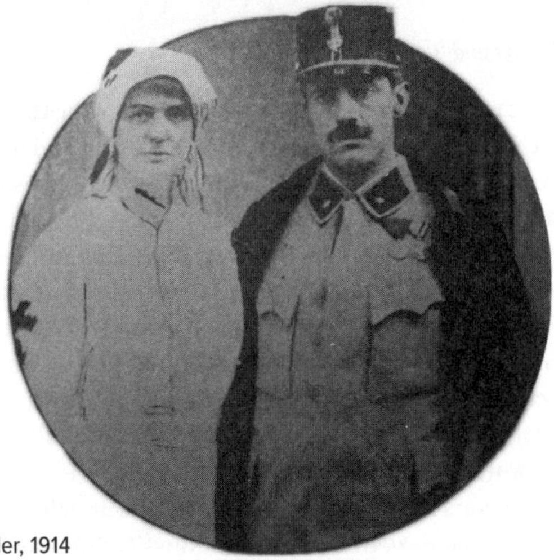

Abb. 8
Fritz und Harriet Kreisler, 1914

Konflikts zwischen Serbien und Österreich im Verlauf des ersten Balkankrieges zu den Waffen gerufen wurde. Bestätigt wird dies durch die Friedensaktivistin Bertha von Suttner, die im Dezember jenes Jahres am *Berkeley Lyceum* einen Vortrag hielt, in dem sie Kreislers Stellungsbefehl als verantwortungslos brandmarkte, weil hier ein »Genie dem modernen Wahnsinn eines allgemeinen Gemetzels geopfert« werde.[210]

Fritz Kreisler befand sich mit Harriet Ende Juli 1914 zur Erholung im schweizerischen Kurort Bad Ragaz, als die politische Krise nach dem Attentat von Sarajewo den Weltkrieg auszulösen begann. Nachdem ihn der Einberufungsbefehl erreicht hatte, reisten er und seine Frau unverzüglich nach Wien, um wenig später nach Leoben zur zweiten Marschkompanie des 4. Bataillons im III. Armeekorps beordert zu werden. Während Leutnant Kreisler einrückte, meldete sich seine Frau als Pflegerin für Feldlazarette:[211] Auch Harriet Kreisler kam so mit nach Leoben, wo Fritz unter anderem ein Konzert zugunsten des Roten Kreuzes veranstaltete – gleichsam als Auftakt zu jenen zahllosen Wohltätigkeitsveranstaltungen, die der Geiger im folgenden Jahrzehnt zugunsten von Opfern des Krieges durchführen sollte.

210 Bertha von Suttner, Vortrag vom 2.12.1912, zit. nach ebd., S. 121.
211 Vgl. ebd., S. 123 bzw. S. 137.

Die Aufmerksamkeit der Zeitungen für die Kreislers widmete sich zu Beginn des Krieges vor allem noch den gesellschaftlichen Aspekten einer bewegten Zeit. Schon die Umstände ihres Dienstantritts wurden von der internationalen Presse fortwährend begleitet: Es erschienen in den Jahren 1914–16 zahlreiche Fotografien von Fritz in Armee- und Harriet in Rot-Kreuz-Uniform. Im Spätsommer reiste der Offizier an die Front: über Budapest nach Galizien bis Strij, einem Ort südlich von Lemberg.[212] Damit wurde Kreisler schlagartig mit der Kriegswirklichkeit konfrontiert: Nach einem längeren Vormarsch geriet er in Kampfhandlungen – zunächst als Infanterist unter Beschuss der russischen Artillerie – und wurde mit seiner Einheit beim Rückzug von feindlicher Kavallerie überrannt. Dabei zog sich Kreisler eine Verwundung durch den Pferdehuf eines feindlichen Reiters zu, den er der eigenen Erinnerung zufolge noch mit der Pistole niederstreckte. Sein Bursche, so gab Kreisler später zu Protokoll, habe ihn später auf dem Schlachtfeld liegend bewusstlos angetroffen. Harriet musste dabei eine längere Phase der Unsicherheit bewältigen: Sie erinnert sich, am 7. September die Mitteilung erhalten zu haben, dass ihr Mann gefallen sei. Zwei Tage später traf Kreisler in Wien mit einem Lazarettzug ein: mit Gewichtsverlust, hohläugigem Blick und hinkend aufgrund einer Quetschung im Nervenzentrum des Beins – dabei aber nicht ernsthafter verletzt, sondern vor allem von einem »Nervenschock« getroffen. Angeblich wurden die Schmerzen im Bein nicht weniger, sodass er zunächst in ein Schwefelbad (in Baden bei Wien) zur Kur geschickt und nach erneuter Prüfung als dienstunfähig entlassen wurde.[213]

Was Kreisler in der Zeit an der Front, die keine drei Wochen dauerte, erlebt hatte, ist in verschiedenen Versionen überliefert:[214] Er selbst hat die Episode in einem Büchlein zusammengefasst. Zuvor allerdings wurden in verschiedenen, patriotisch unterfütterten Feuilleton-Berichten tollkühne Geschichten von hohem dramaturgi-

212 Vgl. ebd., S. 124.
213 Vgl. ebd., S. 124 f.
214 Vgl. hierzu Biancolli, *Fritz Kreisler* (Anm. 11), S. 137 ff.

schen Reiz ausgebreitet.[215] Das Ereignis der Verwundung selbst ist in den Darstellungen jeweils ähnlich geschildert – immerhin war Kreisler der einzige glaubwürdige Zeuge, und die Berichte sind innerhalb einer kurzen Zeitspanne im Herbst 1914 erschienen. Sie dürften sich dabei in euphorisch aufgepeitschter Zeit im kollektiven Gedächtnis insbesondere der kulturinteressierten Lesenden festgesetzt haben.

Kreislers Darstellungen der Ereignisse besitzen den rhetorischen Spannungsaufbau und den zugleich nüchternen Berichtston einer fiktiven Abenteuererzählung etwa im Stile Karl Mays. Und für das im frühen Kriegsstadium noch von keinen Entbehrungen und Schicksalsschlägen betroffene Publikum an der Heimatfront muss sich die Feuertaufe des Geigers wie ein »Erlebnis« der »größten unverlöschlichsten Eindrücke« aus einer fernen Fantasiewelt ausgenommen haben: von Kreisler pädagogisch bereichert durch Werte wie Kameradschaft, Demut und Opferbereitschaft, versehen zudem mit tiefen Gedanken und erhebenden Gefühlen der patriotischen »Verehrung« für »unsere Völker«. Zugleich aber beschwören Kreislers Berichte glaubwürdig auch immer wieder eine Menschenliebe, die über Nationalgrenzen hinweg Gültigkeit beansprucht.[216]

Die Einbildung, sich in einem fiktiven Abenteuer zu befinden, war für Beteiligte wie Beobachtende allerdings nur von kurzer Dauer. Globale Erschütterungen wie die des beginnenden Weltkriegs veränderten die Einstellung zur Wirklichkeit grundlegend: unter den kämpfenden Soldaten, aber auch unter den zunächst berauschten, später aber im Schock einer globalen Katastrophe erstarrten Zuschauern.[217] In ihren Lebensläufen spiegelt sich der Weg

215 Fritz Kreisler, *Four Weeks in the trenches: the war story of a violinist*, Boston – New York 1915. Die deutsche Edition von Hellsberg und Rathkolb, *Trotz des Tosens der Kanone* (Anm. 59), könnte noch ergänzt werden, etwa mit: N.N., »Episoden aus den Kämpfen bei Lemberg. Kriegserlebnisse des Violinvirtuosen Fritz Kreisler«, in: *Neues Wiener Tagblatt*, 16.9.1914, S. 2–4.

216 N.N., »Was Fritz Kreisler erzählt«, in: *Salzburger Wacht*, 3.10.1914, S. 9.

217 Vgl. Alexander Honold, »Der Einbruch des Krieges in die künstlerische Form«, in: *Erster Weltkrieg. Kulturwissenschaftliches Handbuch*, hg. von Niels Werber u.a., Stuttgart – Weimar 2014, S. 448.

von einer anfänglichen Euphorie über die zunehmende Skepsis im Verlauf der Stellungskämpfe im Westen bis hin zur allgemeinen Kriegsmüdigkeit von 1918.

Medienkrieg

Der Erste Weltkrieg ist der erste globale Medienkrieg. Er wird massenmedial geführt – und dabei trägt Musik für Soldaten, aber auch für das zivile Konzertpublikum wesentlich zur Mobilisierung bei. Die Fachpresse steigt 1914 sofort in die Kriegspropaganda ein: Der *Merker* in Wien widmet sein Oktober-Heft ganz dem Thema »Die Kunst im Krieg«, fast alle Musikzeitschriften ziehen nach. Zu spüren ist der Kriegsbeginn auch zum Saisonstart des Herbstes 1914 im Wiener Musikleben, der gleich die »Aufrüstung« der Spielpläne im Sinne einer patriotischen Gesinnung zeigt.[218] Bereits bei Kreislers Einberufung und seinem Weg an die Front, insbesondere aber nach seiner baldigen Rückkehr, ist das Interesse der Zeitungen am uniformierten Stargeiger enorm. Und das, obwohl der frischgebackene Hauptmann schon wenige Monate nach Kriegsbeginn als Invalide aus der Armee entlassen wird.[219] Zahllose Interviews und Berichte über sein Ergehen erscheinen in deutschen, österreichischen und amerikanischen Zeitungen. Sobald es ihm möglich ist, schifft er sich gemeinsam mit Harriet nach Amerika ein, wo er gegen Ende November 1914 ankommt. Bereits Mitte Dezember gibt er in der Carnegie Hall sein erstes Konzert nach der Rückkehr in die Heimat seiner Frau zugunsten von Kriegswaisen, das offenbar noch von einmütigen Beifallskundgebungen begleitet wird. In den folgenden Jahren unterstützt Kreisler Dutzende von Organisationen, die sich um bedürftige Musiker in Deutschland und Österreich kümmern, insbesondere im Rahmen von Wohltätigkeitsauftritten.[220]

218 Vgl. Martina Nussbaumer, »›Jetzt ist die Stunde da, in der nur das Höchste laut werden darf.‹ Zur Aufrüstung des klassischen Musiklebens«, in: *Im Epizentrum des Zusammenbruchs: Wien im Ersten Weltkrieg*, hg. von Alfred Pfoser und Andreas Weigl, Wien 2013, S. 374–385.

219 Vgl. Lochner, *Fritz Kreisler* (Anm. 4), S. 134.

220 Vgl. etwa den Brief Kreislers an Rudolf Kommer vom 2.9.1916, in: Österreichische Nationalbibliothek, Handschriftensammlung Autogr. 520/10-1.

Kreisler beendet seine amerikanische Konzerttätigkeit mit dem Kriegseintritt der USA gegen Deutschland und Österreich-Ungarn, nimmt sie aber bereits zur Saison 1917/18 wieder auf. Nach nationalistischen Protestkundgebungen gegen diese Auftritte zieht sich der Geiger dann aber erneut von der Konzertbühne zurück und konzentriert sich aufs Komponieren.[221] Für Kreisler ist es nicht untypisch, dass er ausgerechnet in dieser Zeit des weltweiten Leidens den Wunsch verspürt, eine Operette zu schreiben. Er empfindet die »leichte Musik«, die er über alles liebt, als bestes Mittel gegen die Kriegsdepression. So komponiert er zusammen mit Victor Jacobi das Broadway-Stück *Apple Blossoms*, das im Oktober 1919 im New Yorker *Globe Theatre* seine erfolgreiche Uraufführung feiert.[222] Es geht ihm hier nicht nur darum, seinem Publikum für ein paar Stunden Ablenkung von den bedrückenden Seiten der Wirklichkeit zu verschaffen. »Leichte« Musik und ein ernster Hintergrund scheinen für Kreisler eine natürliche innere Verbindung zu besitzen.

Bereits im ersten Jahr des Weltkriegs beispielsweise lässt Kreisler bei Carl Fischer in New York ein Stück namens *Cradle Song 1915* erscheinen, das eine Bearbeitung seines eigenen *Caprice viennois* darstellt. Das Stück erscheint mit einem Text versehen, gemeinsam mit dem ebenfalls für Singstimme gesetzten »The Old Refrain«, unter dem Titel *Two Songs*. Der Gesangstext von Alice Mattullath ist auf Englisch und Deutsch abgedruckt und beginnt mit den Worten: »Auge ist nass, Thräne sie rinnt / Leise klingt mein Lied, Schlafe mein Kind«. Erzählt wird die Geschichte einer Mutter, die ihr Kind in den Schlaf wiegt, deren Mann »den Tod im Felde fand« und die nun Trost bei ihrem Kind und in der Erwartung sucht, den Gefallenen dereinst »in blauer Himmelspracht« wiederzusehen. Kreisler hat das Lied mit der Widmung »to my dear wife« versehen. Wenig später wird das Stück als »Österreichisches Wiegenlied 1915« auch bei Schott in Mainz erscheinen. Es zeigt sich bereits bei der ersten Veröffentlichung, wohlgemerkt *vor* dem Eintritt der USA in den Weltkrieg, das Bedürfnis Kreislers, auftrumpfend nationalistische Töne in seiner Musik – im Dienste nur einer Seite eines militäri-

221 Vgl. Lochner, *Fritz Kreisler* (Anm. 4), S. 141–145.
222 Nach ebd., S. 153 f.

schen Konfliktes – zu vermeiden. Es werden in *Cradle Song* vielmehr schicksalhafte Folgen des Kriegsgeschehens beklagt, um gleichermaßen Empathie für eine amerikanische wie für eine österreichische Kriegerwitwe wecken zu können.

Wie in *Apple Blossoms* (und später in *Sissy*) folgt Kreisler auch hier der Praxis, bereits bestehende Stücke in neuem Zusammenhang wieder zu verwerten. Zum einen sind hierfür schlichtweg ökonomische Gründe ausschlaggebend. Zum anderen hilft die Mehrfachnutzung der Bekanntheit eines Stückes bei unterschiedlichen Teilen des Publikums. *Cradle Song* passt die Gesangsstimme (versehen mit kleineren Zusätzen) geschickt an den Geigenpart der Vorlage an. Die Klavierstimme bleibt dabei im Wesentlichen erhalten. Gerade in der Mischung aus sentimentaler Terzenseligkeit in H-Dur und der dunkel-geheimnisvollen Moll-Introduktion wächst dem Text eine schlüssige Dramaturgie von Hoffnung und Schmerz zu. Gleichwohl entsteht eine Mischgattung aus »Caprice« und »Wiegenlied«, eine Art Friedensbeschwörung unter Kriegsbedingungen, die als Trauergesang zugleich den spielerisch eigenwilligen Ton des bereits populären Geigenstücks fortleben lässt. Kreisler wird das Stück übrigens zu einem späteren Zeitpunkt noch einmal neu texten – und dabei wieder in eine ganz andere Richtung gehen. In der Operette *Sissy* von 1932 erscheint es in einem Duett mit dem Refraintext: »Ich glaube, das Glück hält mich heute im Arm und tanzt einen Walzer mit mir!« Bedenken hatte Kreisler auch mit dieser erneuten inhaltlichen Verwandlung seiner Melodie nicht. Denn Musik und Text funktionieren zweifellos auch im Rahmen einer Geschichte um Liebe und Sehnsucht.

Kaiserhymne

Ein weiterer Grenzgang der Gattungen zeigt sich in Kreislers Bearbeitung der österreichischen Volkshymne, die als »Austrian Imperial Hymn: Gott erhalte unseren Kaiser« (zugleich als Arrangement mit und ohne Klavier) 1915 bei Carl Fischer erscheint. Bezeichnenderweise veröffentlicht Kreisler die Hymne nicht etwa in Österreich als sozusagen offen parteiergreifende politische Musik, sondern in den USA im Rahmen einer Sammlung sogenannter

Austrian Folk Songs. Erst im Frühjahr 1916 kommt das Stück auf den deutschsprachigen Markt und erscheint bei Schott unter dem Gemeinschaftstitel *Volkslieder aus Österreich* als »Oesterreichische Hymne: Gott erhalte« – zusammen mit den Arrangements von Johann Brandls »Du alter Stefansthurm« und Eduard Gärtners »Aus Wien«. Innerhalb der Neuerscheinungen von *Hofmeisters musikalisch-literarischem Monatsbericht* stechen Kreislers Stücke heraus: Um sie herum finden sich vor allem patriotische Potpourris und Märsche, ein »Feldpostbriefe«-Walzer und andere Versuche, dem Zeitgeist gerecht zu werden.[223] Der Charakter von Kreislers Stück ist ein grundsätzlich anderer: Seine *Folk Songs* taugen vorderhand wenig dazu, Kriegseuphorie und heroische Wehrbereitschaft zu stärken.

Kreislers Arrangement der Volkshymne lässt die Solovioline zumeist zwei bis drei Stimmen, Melodie und Begleitung zugleich vortragen und hat in seiner harmonischen Dichte und – hieraus hervorgehend – kontrapunktischen Stimmverflechtung nachgerade die Anmutung eines langsamen Satzes aus einer Bach'schen Solosonate. Feierlich in sich ruhend und in weit atmenden Bögen wird der instrumentale Gesang vorgetragen. Die in der Vorlage Haydns angelegte Schluss-Steigerung nimmt Kreisler zwar mit einer Erhöhung der Stimmenanzahl auf drei bis vier und einer Stärkung der Dynamik auf.

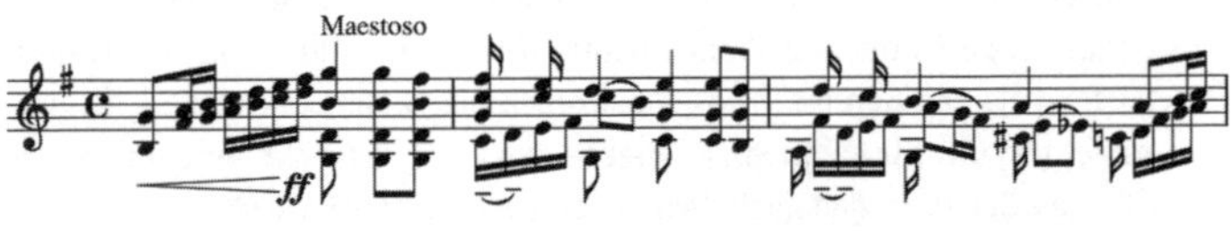

Abb. 9 Fritz Kreisler, »Austrian Imperial Hymn: Gott erhalte unseren Kaiser«, T. 24–26

Dennoch bleibt die Harmonik bewusst spannungsarm, und der Charakter berührt in keinem Moment die Sphäre des Marschhaften. Die in jener Zeit entstandene Einspielung Kreislers erscheint

223 Vgl. den Abschnitt »Musik für Pianoforte mit Begleitung«, in: *Hofmeisters musikalisch-literarischer Monatsbericht* (...) 3 (1916), S. 35.

nachgerade besinnlich und eher nostalgisch als heroisch. Es wird mit ihr allenfalls etwas beschworen, was endgültig vorbei zu sein scheint: Man kann das Stück als eine Art Vorbote des Untergangs der Monarchie hören, auch wenn die Trauer darüber nur im Glanz der Erinnerung zu schwelgen scheint. Im November 1916 stirbt Kaiser Franz Joseph I., und viele Österreicher mögen – zwei Jahre vor Ende des Ersten Weltkrieges – bereits gespürt haben, dass mit seinem Tod ein Zeitalter zu Ende gegangen war.

Im Rückblick von 1920, also bereits zur Zeit der Ersten Republik, hat eine in Amerika zu Bekanntheit gekommene Wiener Klavierkünstlerin mit dem Pseudonym »Herma« über die »Volkshymne« Haydns in der Interpretation Kreislers berichtet: Diese sei nie ein politisches »Kaiserlied« gewesen, doch »für uns in der Fremde bedeuten diese Klänge das ›Lied der Heimat‹!« So schwärmt Herma, mit »glänzenden, sehnsuchtswarmen Augen«, von der »einigende(n), bindende(n) Kraft in der herrlichen Melodie von Haydn«. Und sie erinnert sich dabei an eine New Yorker Wohltätigkeitsveranstaltung für Österreich vor dem Kriegseintritt der USA, in deren Rahmen Kreisler die Volkshymne solistisch vortrug:

> »(M)it Doppelgriffen, meisterhaft natürlich ... Und die Leute saßen da, stumm vor Entzücken; wie man zu sagen pflegt: ›kein Auge blieb trocken‹ – das war hier tatsächlich der Fall. Minutenlang war es mäuschenstill im Saale – man weinte, man schluchzte. ›Das Lied der Heimat‹, der alten Heimat, die jetzt in schweren Kriegsnöten war, der alten Heimat, in der unschuldige Kinder hungerten, arme Mütter und Kranke bittere Not litten, hatte an all die hunderttausend Herzen gerührt – und dann brach ein Orkan von Applaus los, wie keiner von uns Künstlern ihn je erlebt – aber der galt nicht nur dem weltberühmten Geiger, er galt auch dem W i e n e r Fritz Kreisler.«[224]

Wohlgemerkt dem »Wiener«, nicht dem Österreicher Kreisler: Das Stück steht für einen Klang, der an eine »Heimat« in der Musik, weniger aber an eine politische Wirklichkeit gemahnt und der offenbar gerade durch das lebendige Sentiment des Geigers beschworen wird. Wohl niemand sonst, so legt Herma nahe, bewegt sich auf

224 Beatrice Dovsky, »Das Lied der Heimat«, in: *Wiener Bilder*, 19.9.1920, S. 7.

dem schmalen Grat zwischen Kitsch und Erhabenheit in der Kunst so überlegen und unbeschwert wie Kreisler.

Der Versuch, Kreislers populäre Musik der Vorkriegszeit, seinen Stil der nostalgischen Versöhnlichkeit, nun auch für politische Zusammenhänge zu nutzen, zeigt sich mit der als »Volkslied« verbreiteten »Kaiserhymne« erfolgreich bewältigt. Auch Kreislers Geigenspiel wird auf diese Weise allmählich eine Qualität zuwachsen, die als weitherzige Menschenfreundlichkeit beschrieben worden ist. Sein Publikum, das nach den einschneidenden Kriegserfahrungen Verständnis und Trost, aber auch Ablenkung sucht, zeigt sich empfänglich dafür. Solche Wahrnehmung Kreislers wirkt entscheidend auf das überaus vorteilhafte Bild, das im folgenden Jahrzehnt von ihm entstehen wird. Eine amerikanische Zeitung spricht bereits im Januar 1915 vom Einfluss der Kriegserlebnisse auf den Geiger, ja von einer regelrechten »Wandlung« Kreislers:

> »Der schöne Ton seiner Geige ist noch wärmer und verinnerlichter geworden. Die alte Anmut und Glätte seines Spiels wurden durch ernsteren Gehalt veredelt. Das Leuchten des Tons ist – sozusagen abgeschirmt. Sein Feuer ist weniger hell, es glüht nur gedämpft. Immer noch das Singen eines Instruments ..., aber ein Gesang, aus dem die Stimme menschlicher Sehnsucht klingt ...«[225]

Vielfach wird in jener Zeit darüber gerätselt, ob nicht Kreislers Erfahrungen als Musiker auch für sein Leben im Schützengraben hilfreich gewesen seien. Kreisler hatte selbst mehrfach über seine rasch angelernte Fähigkeit berichtet, allein mit dem Hörvermögen Entfernung und Nähe von fliegenden und einschlagenden Granaten abschätzen zu können.[226] Aber auch umgekehrt ist neugierig gefragt worden, inwieweit die Kriegserfahrung Kreislers Musikauffassung beeinflusst habe. Abgesehen davon, dass seine Fronterlebnisse nur kurzzeitige waren, wurde Kreislers Angebot, Versöhnung und vorurteilsfreie Menschenliebe vorzuleben, von den traumatisierten und immer noch von Nationalhass aufgepeitschten Kontrahenten dankbar angenommen. Es war das Angebot einer friedliebenden

225 *Boston Evening Transcript*, Januar 1915, zit. nach Lochner, *Fritz Kreisler* (Anm. 4), S. 137.

226 Vgl. ebd., S. 169.

»Stimme menschlicher Sehnsucht«, in die seine Hörer das jeweils verfügbare Quantum Anteilnahme und Trost hineinlegen konnten.

Mäzen und Star

Schwere Wirtschaftskrisen, Hungersnöte und die seelischen Belastungen durch den Krieg betrafen breite Bevölkerungskreise noch Jahre nach dem Ende aller Kämpfe ebenso, wie Millionen von Versehrten die Öffentlichkeit beständig an das Grauen der Schlachten erinnerten. Kreislers Hilfsangebot bestand unter anderem darin, an eine Vorkriegs-Vergangenheit anzuknüpfen, die zweifelsohne angenehmer war als die Gegenwart – deswegen aber nicht weniger Anspruch auf aktuelle Lebensnähe erhob. Die Vorbildrolle eines im kollektiven Gedächtnis lebendigen Frontkämpfers Kreisler verband sich so mit seinem Auftreten als gereift in sich ruhender, Zuversicht ausstrahlender Künstler. Kreisler hatte die Katastrophe überlebt. Er hatte bewiesen, dass er die entstandene Erschütterung künstlerisch bewältigen konnte – und andere an dieser Bewältigung teilhaben lassen wollte.

Kreislers enorme Popularität in den 1920er Jahren ist aber auch damit zu erklären, dass er sich als Wiener Geiger inzwischen nicht nur bestens an die Bedingungen der nordamerikanischen Kultur angepasst hatte, sondern zudem mit den Erwartungen der dortigen Zuhörerschaft an einen Künstler aus dem Alten Europa fruchtbar umzugehen vermochte. Umgekehrt waren deswegen nicht wenige aus dem Publikum seiner europäischen Heimat auch stolz auf ihren glaubwürdigen Botschafter Kreisler. Die immer wieder beschriebene Fähigkeit Kreislers, auf sein jeweils aktuelles Publikum einzugehen und sich dabei wiederum selbst beflügeln zu können, muss wesentlich auch durch die Erfahrung von vielen hundert Konzerten beeinflusst worden sein, die er in den USA und Europa gab. In Amerika stand Kreisler für das Vorkriegseuropa als nostalgische Imagination und galt als ein glaubwürdiger Vertreter Mozarts, Beethovens und Schuberts. Zugleich aber sprach er mit den Stimmen eines erfundenen Neobarock und -klassizismus in den *Klassischen Manuskripten* oder Stücken im *style viennois*, die er als tief im kulturellen Gedächtnis seiner Heimat verwurzelte Volksmusik ausgab, obgleich er mit ihnen schlagertaugliche Formate bediente.

Erst nach dem Waffenstillstand und dem Versailler Friedensvertrag von 1919 begann Kreisler wieder zu konzertieren. Ende Oktober kehrte er anlässlich eines Wohltätigkeitskonzerts zugunsten notleidender Wiener Kinder in die Carnegie Hall zurück. Im Frühsommer 1920 verdichtete sich sein Engagement ganz auf Bedürftige in Österreich, denen gegenüber er gerade in der schwierigen ersten Zeit der Republikgründung seine Aufmerksamkeit widmete. Der wachsenden Unterstützung Kreislers durch das Publikum standen allerdings auch noch fallweise Anfeindungen gegenüber. In London war die Lage kaum zufällig noch länger angespannt als in den USA: Im Frühling 1921 trat Kreisler nach langer Zeit erstmals wieder in der Queen's Hall auf – begleitet zunächst von hetzerischen Beschimpfungen und Attentatsdrohungen gegen den Vertreter der ehemaligen Kriegsgegner. Kreisler betrachtete das Betreten der Bühne im Nachhinein als »kritischeste(n) Augenblick« seiner Laufbahn. Die tatsächlichen Proteste vor Ort aber blieben aus, und das Konzert wurde angeblich ein triumphaler Publikumserfolg.[227] Kreisler traf letztlich offenbar auch hier auf eine Hörerschaft, die seine Musik überzeugend und hilfreich empfand: So wurde er nicht als auftrumpfender Virtuose, sondern als abgeklärte Persönlichkeit und Mitwisser um die Kämpfe in den Schützengräben wahrgenommen, als Spieler, dem man die künstlerische Bewältigung der unaussprechlichen Gräuel des Krieges nicht nur zutraute, sondern diese auch gegenständlich zu hören glaubte. Der schon Jahre zuvor von Kreisler gepflegte Ton einer maßvollen, dabei aber immer dringlichen Anteilnahme, von dem Trost, ja Heilkraft auszugehen schienen, traf diesseits und jenseits des Ärmelkanals auf ein noch hellhörigeres Publikum als zuvor.

Kreisler kam auch weiterhin zum Komponieren: Das einzige umfangreichere Kammermusikwerk, das er verfasste (ein Streichquartett a-Moll), wurde bei diesem London-Aufenthalt im April 1919 erstmals erfolgreich aufgeführt. Wenig später bereitete auch Berlin Kreisler einen warmen und anlässlich verschiedener Kon-

227 Vgl. ebd., S. 157–161.

zertauftritte höchst erfolgreichen Empfang. Die internationalen politischen Belastungen der Zeit spiegeln sich auch in symbolträchtig überhöhten Auftritten und deren anspruchsvoller Inszenierung: Ein Konzert in seiner früheren »geistigen Heimat« Paris beispielsweise konnte erst im Herbst 1924 stattfinden. Es war bewusst als Geste der Aussöhnung geplant: Auf dem Podium saßen Kreislers frühere Mitstreiter des Konservatoriums sowie eine Reihe kriegsversehrter Sehbehinderter. Der »Geist von Brüderlichkeit und Enthusiasmus«, von dem eine Zeitung danach sprach, entfaltete offenbar Rührung unter den Anwesenden, die angeblich in grenzenlosen Jubel überging. Kreislers Rolle als musikalischer Diplomat wurde jedenfalls angenommen und bedankt: Bereits zwei Jahre später ernannte ihn der französische Staat zum Offizier (1938 dann zum *Commandeur*) der Ehrenlegion.[228]

Für einen international Reisenden boten sich nun auch erhebliche Chancen: Die technologischen Fortschritte der Kriegszeit hatten nicht allein zerstörerische Folgen für die Weltgemeinschaft, sondern sorgten zugleich auch für deren rascheres Zusammenwachsen. Die Verbreitung der Schallplatten Kreislers förderte dessen Bekanntheit, und die schnelleren Transportwege ermöglichten dem Geiger nun weltweite Reisen: so 1923 per Schiff in den Orient und nach Japan, in der Folge nach China und Korea. Die mediale Aufmerksamkeit und der Publikumserfolg waren enorm: Fotoreporter begleiteten seine Reisen, allein in Tokio soll Kreisler acht Konzerte in riesigen Sälen in Anwesenheit des Hochadels gegeben haben. (Seine noble Zurückhaltung und sein einfühlsames Geigenspiel kamen wohl in einem Land des »feinen Taktes«, des bedeutenden »Zeremoniells« und der »exquisiten Manieren« besonders gut an.[229]) 1925 bereiste Kreisler Hawaii und Australien – auch hier müssen seine Auftritte eine »unüberwindliche Wirkung« hervorgerufen haben.[230] Dass Kreisler buchstäblich weltweit als Bühnengröße gefragt war und Beifallsstürme erntete, zeigt, wie sein Auftreten einem zunehmend global wahrnehmbaren Zeitgeist ent-

228 Vgl. ebd., S. 165.
229 Vgl. ebd., S. 175 ff.
230 Vgl. ebd., S. 205.

sprochen haben muss – unterstützt natürlich von einer mit modernsten Kommunikationsmitteln ausgestatteten Presse.

»Fritz Kreisler zeigt ein Konzert in der Philharmonie an; kaum angezeigt, ist es auch schon ausverkauft. (…) Die Autos stauen sich, und an der Ecke Köthener und Bernburger Straße gibt es Verkehrkomplikationen, die beinahe lebensgefährlich sind«, meldet die *Vossische Zeitung* über ein Konzert im Herbst 1927.[231] Zum glamourösen Leben als weltberühmter Geiger gehörte auch, dass sich Kreisler im Berliner Nobelviertel Grunewald Mitte der 1920er Jahre ein weitläufiges Grundstück kaufte, um es mit einer großzügigen Villa samt Nebengebäuden, Gewächshaus und Rosengarten zu bebauen. Dieser Ort war für Kreisler, den Vielreisenden, im folgenden Jahrzehnt ein Refugium, in das er sich nach Möglichkeit zurückzog – umgeben von Preziosen, seltenen Büchern, Ölgemälden und anderen Kunstgegenständen aus aller Welt. Erst 1939 gaben die Kreislers jenes Haus auf, das dann 1943 und 1944 bei Bombenangriffen stark in Mitleidenschaft gezogen wurde. Kreisler war in den 1920er Jahren (einschließlich Jascha Heifetz) der bestbezahlte Geiger weltweit. Hatte er vor 1910 angeblich 300 Dollar pro Konzert erhalten, war es nun das Zehnfache.[232] Harriet hatte als seine Managerin nicht nur ihm, sondern auch dem gesamten Klassik-Musikbetrieb eine rasch wachsende sozioökonomische Anerkennung verschafft und ihren Mann, auf Augenhöhe mit Politikern, Profisportlern und Schauspielern, zu einem internationalen Star gemacht.

Dabei hat Kreisler immer wieder betont, sich nicht viel aus den mittlerweile beträchtlichen Konzerthonoraren zu machen: Zu hohe Einnahmen, so bemerkte er einmal, könnten auch den künstlerischen »Ansporn« mindern. Nur wer auch »Sorgen« oder »Beklemmung« verspüre, könne schaffensfähig bleiben.[233] In den 1940er Jahren bekannte Kreisler sogar:

231 M.M. [Max Marschalk], »Kreisler. Einziges Konzert in der Philharmonie«, in: *Vossische Zeitung*, 25.11.1927 (Abend-Ausgabe), S. 2.

232 Vgl. Harold C. Schonberg, *The Glorious Ones: Classical Music's Legendary Performers*, New York 1985, S. 242.

233 Vgl. »L'argent et les musiciens«, in: *Le Quotidien*, 23.12.1928, zit. nach Lochner, *Fritz Kreisler* (Anm. 4), S. 216 f.

> »Ich möchte meine weltlichen Güter mit anderen teilen. Ich kümmere mich nicht um Dinge. Sie stören mich. Ich glaube nicht, dass es einen großen oder dauerhaften Trost im Besitz von Dingen gibt. Sie werden uns zur Last. Ich möchte von mir selbst, von meiner Musik und von meinem Besitz anderen geben. Das ist höchstes Glück.«[234]

Dass Kreislers Anhäufung von Vermögen nicht in erster Linie der persönlichen Bereicherung diente, bestätigen viele Berichte: Es gibt zahllose Zeitungsartikel über Kreislers mäzenatische Tätigkeit in Deutschland, Österreich bzw. den ehemaligen k.u.k.-Ländern aus der Zeit unmittelbar nach Ende des Ersten Weltkriegs. Kreisler setzte sich in politischen Kreisen Washingtons offenbar sogar erfolgreich für die Stundung von Kriegsschulden des gebeutelten Österreich ein (und ließ zu diesem Anlass auch seine Geige erklingen). Kaum zufällig erwog die Wiener Regierung sogar, Kreisler zum österreichischen Botschafter in den USA zu ernennen.[235] In jener Zeit spendete Kreisler zahlreiche Konzerthonorare zugunsten der »Mutterhilfe«, deren Patin seine Frau war, aber auch für Kinder in Oberschlesien oder für den Beistand nach einer Explosionskatastrophe in der Pfalz. (Der besondere Einsatz für Kinder mochte übrigens auch damit zusammenhängen, dass das Ehepaar Kreisler selbst keine Familie gründen konnte.) Die stets geschickte mediale Platzierung von Kreislers Hilfsbereitschaft jedenfalls nutzte seiner Popularität wesentlich, führte zugleich aber dazu, dass weitere Spender gewonnen werden konnten.[236] Fritz und Harriet bauten so ihren Ruf als künstlerische Seelentröster und soziale Förderer aus, steigerten ihr Ansehen und erweiterten damit wiederum ihre Möglichkeiten für Spenden.

Einerseits war Kreislers Rückzug aus der Öffentlichkeit während des Krieges und die Zurückhaltung als Aufführender, welche auch finanzielle Einbußen zur Folge hatte, mit Respekt aufgenommen worden. Andrerseits wurde sein soziales Engagement aufmerksam verfolgt. Seine Frau und er hätten es trotz eigener Entbehrungen ermöglicht, so berichtete eine Zeitung, »Liebesgaben«

234 Fritz Kreisler, zit. nach Stidger, *The Human Side of Greatness* (Anm. 60), S. 76 f.
235 Vgl. N. N., »Tagesneuigkeiten«, in: *Pester Lloyd*, 14.12.1921 (Abendblatt), S. 5.
236 Vgl. Lochner, *Fritz Kreisler* (Anm. 4), S. 163.

für Kinder und Künstler in Österreich und Deutschland zu senden, sodass Kreisler am Ende wegen unbeglichener Steuerschulden gar eine »seine(r) Geige(n)« hätte verkaufen müssen.[237] Kreisler hat in Interviews die Ansicht vertreten, dass es sich bei dem Verdienten nicht um seinen eigenen Besitz gehandelt habe. Er sprach vielmehr von »öffentlichem Geld«, das er lediglich verwalte und seine eigenen Bedürfnisse dabei auf ein Minimum reduziere. Dass er, wie er gleich anfügt, für seine Frau und sich noch nicht einmal ein eigenes Haus gebaut habe,[238] ist freilich angesichts seiner Berliner Villa mit ihrem herrschaftlich erlesenen Interieur eine der zahlreichen späteren Korrekturen des Selbstbildes, die Kreisler vornahm, als seine Vorgeschichte nach dem Zweiten Weltkrieg buchstäblich in Schutt und Asche lag – und nicht mehr selbst Zeugnis ablegen konnte.

Film und Schallplatte

Kreislers Selbstlosigkeit wurde gelegentlich durch seine Vorliebe für waghalsiges Glücksspiel abgelenkt, die in den 1930er Jahren einmal dazu führte, dass er in Monte Carlo 35 000 Francs verlor. Seiner Frau erzählte er von solchen Eskapaden angeblich nichts, wie sich sein damaliger Klavierbegleiter erinnert.[239] Denn Harriet muss übereinstimmenden Berichten zufolge ein besonders strenges Auge auf die störungsfreie Entwicklung von Kreislers Konzerttätigkeit gehabt haben. Ihr regelnder Einfluss hatte dabei stets mehr die ökonomischen als die ästhetischen Belange im Blick, wenn es um die »Publicity« ihres Mannes ging.[240] Die geschickte Managerin verfolgte so selbst mit zahlreichen Charity-Aktionen sozusagen umwegrentable geschäftliche Ziele, mit denen allen gedient war.[241] Der bestimmende Einfluss Harriets führte angeblich sogar dazu, dass Kreisler keine größeren kompositorischen Formen wie Sonaten

237 N. N., »Kleinere Mitteilungen von hier und dort«, in: *Signale für die musikalische Welt* 28 (1920), S. 718.

238 Fritz Kreisler, zit. nach Stidger, *The Human Side of Greatness* (Anm. 60), S. 76 f.

239 Vgl. Franz Rupp, Interview mit Louis Lochner vom 12.4.1949, unpubliziertes Typoskript (Fritz Kreisler Collection [Anm. 15], Box 19, Folder 11).

240 Vgl. ebd.

241 Dennis Rooney, »Instictive partnership« (Anm. 186), S. 31.

oder Sinfonien zu schreiben unternahm, weil seine Frau der Überzeugung gewesen sei, damit kein Geld (auch für wohltätige Zwecke) erwirtschaften zu können.[242]

Zur Verbreitung des Ruhms seiner Kunst diente Kreisler neben dem Zeitungsmarkt vor allem das neue Medium Schallplatte. Dass Kreislers Tonaufnahmen von 1910 bis in die 1920er Jahre hinein nur jene kleineren *Encore*-Stücke betrafen, die er selbst geschrieben hatte, war kein Zufall: Die Spieldauer einer Schellackplatte betrug damals nur wenige Minuten. Ihre erfolgreiche Verbreitung allerdings führte dazu, dass Kreisler immer mehr davon produzierte: Trotz seines gleichbleibenden Engagements als Interpret von Bach, Mozart und Brahms entfernte sich das *Image* Kreislers in der breiten Öffentlichkeit so zunehmend vom vornehmen Virtuosen hin zum glamourösen Salongeiger.

Seit 1910 veröffentlichte Kreisler seine Tonaufnahmen bei der amerikanischen *Victor Talking Machine Company*. 1925 erhielt er von dort einen Vertrag auf fünf Jahre. Noch 1935/36 nahm er im Nachfolgeunternehmen *RCA Victor* alle Geigen-Sonaten Beethovens mit Franz Rupp auf (die Abspieldauer der Platten hatte sich inzwischen leicht erweitert). Kreisler bearbeitete darüber hinaus in den 1920er Jahren deutlich häufiger als zuvor populäre Hits der Unterhaltungsindustrie: in geschickter Übertragung vom Broadway oder der *Music Hall* direkt ins Ambiente der klassisch-bürgerlichen Hausmusikbesetzung von Geige und Klavier. Ein Beispiel ist der später zum Jazzstandard gewordene Song *Blue Skies*, der 1926 von Irving Berlin komponiert und im Folgejahr durch *Ben Selvins Knickerbockers* zum internationalen Hit wurde, um bald in zahlreichen Interpretationen in Europa zu kursieren. Gleich 1927 spielte ihn auch Kreisler ein. Auf ähnliche Weise bearbeitete Kreisler allein 1924 Victor Herberts *Kiss in the Dark*, John Openshaws *Love Sends a Little Gift of Flowers* oder Ernest Seitz' *The World is Waiting for the Sunrise* und 1926 Sigmund Rombergs *Deep in my Heart, Dear*. Zugleich übertrug er zahllose beliebte Melodien aus unterschiedlichsten Zusammenhängen des klassischen Repertoires auf sein Instrument: von Johannes Brahms' Version des Weihnachtsliedes *Es ist*

242 Vgl. hierzu ebd., S. 32, bzw. Lochner, *Fritz Kreisler* (Anm. 4), S. 224.

ein Ros' entsprungen über eine Chopin-Mazurka bis zur bekannten cis-Moll-*Prélude* von Sergej Rachmaninow, Maurice Ravels *Pièce en forme de habanera*, von Franz Schuberts *Ave Maria*, Peter Tschaikowskys *Chanson sans Paroles*, Nicolai Rimskij-Korsakovs *Hymne au soleil* bis zu Manuel de Fallas *Danse espagnole*.

Solche Auskoppelung einzelner Melodien aus dem sinfonischen und Opern-Repertoire der klassischen Musik bewegen sich im Fahrwasser der auf kommerzielle Verwertbarkeit gerichteten Salonmusik-Industrie des 19. Jahrhunderts. Zumeist sind die Bearbeitungen von Kreisler dabei aber von hochwertiger Handwerklichkeit und kompositorischer Ambition geprägt und können den Status eigenständiger Werke beanspruchen. Dies zeigt beispielsweise seine Bearbeitung des volkstümlichen irischen *Londonderry Air*, dessen harmonische und strukturelle Gestaltung sich an die reich gegliederte Ausgestaltungsfreude volkstümlicher Melodien etwa im Stil von Erfolgskomponisten wie Percy Grainger anlehnt. Im Verlaufe des Stücks wird die schlichte Melodie in solchem Sinne maximal angereichert: unter Verwendung von Gegenstimmen und einer bemerkenswerten harmonischen Erweiterung der Vorlage. Die Begleitung erreicht dabei einen Grad an harmonischer Selbständigkeit, der die eigentliche Melodie zur Nebensache werden lässt.

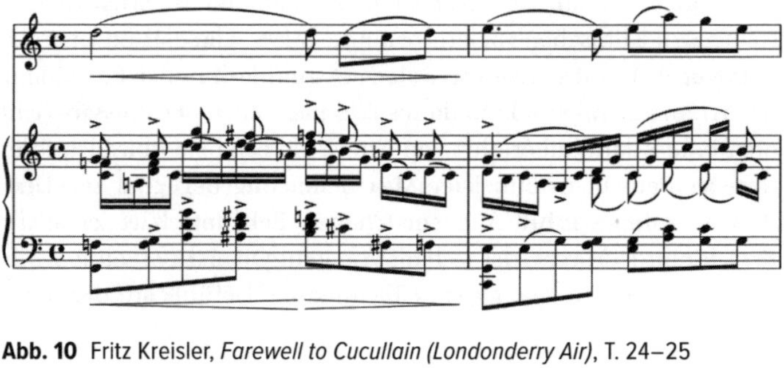

Abb. 10 Fritz Kreisler, *Farewell to Cucullain (Londonderry Air)*, T. 24–25

In den 1920er Jahren waren Fritz und Harriet Kreisler als internationale Zelebritäten in das Gesellschaftsleben der westlichen Metropolen eingebunden. Zwischen Berlin, London, Paris, Wien oder

New York verfügten »der berühmteste Geiger der Welt«[243] und seine Frau nicht nur über weitläufige Netzwerke von einflussreichen Freunden und Bekannten. Beide waren in zuverlässiger Regelmäßigkeit auch Tagesgespräch der Regenbogenpresse. Kreisler galt dabei als ausgesprochen nahbarer Künstler, der durch besondere Begabung zu Ruhm gelangt, aber weiter bodenständig geblieben war. So war es kaum verwunderlich, dass dem beliebten Star zum Beispiel ausführliche Artikel über den Tod seines Foxterriers gewidmet wurden.[244]

Nicht von ungefähr suchte Kreisler auch immer wieder die Nähe zum Medium Film. Seine 1932 uraufgeführte Operette *Sissy*, die die Mädchenjahre der späteren Kaiserin Elisabeth von Österreich thematisiert, wurde 1936 von Josef von Sternberg unter dem Titel *The King Steps Out* verfilmt. Anfang der 1930er Jahre wurde Kreisler sogar als Hauptdarsteller eines in London zu drehenden Films vorgestellt, der die »Lebensgeschichte und die Liebesabenteuer eines großen Virtuosen« zum Gegenstand haben sollte (wiewohl aus diesem Projekt nichts wurde).[245] Wenn Kreisler zu einem Empfang beim österreichischen Gesandten geladen war, wie zum Beispiel 1925 anlässlich der Uraufführung von Alban Bergs Oper *Wozzeck* in der Berliner Staatsoper, verkehrte er hier zugleich neben Berg und mehreren Ministern mit dem seinerzeit berühmten Komponisten Franz Schreker, Generalmusikdirektor Erich Kleiber sowie den Filmschauspielerinnen Lya Mara, Liane Haid oder Lil Dagover,[246] mithin einem weiten Spektrum kultureller Prominenz der Weimarer Republik. In dieses Bild passt auch der Pressebericht über eine Atlantiküberfahrt von New York nach Hamburg, auf der Kreisler dem Boxweltmeister Max Schmeling begegnet sei. Dem Bericht zufolge führte die entstehende Bekanntschaft zwischen Kreisler und »Maxe«, der sich als Amateurgeiger zu erkennen gab, dazu, dass sich Schmeling »mit Technik und Gefühl« auf der Geige

243 N. N., »Tagesneuigkeiten«, in: *Linzer Volksblatt*, 1.12.1923, S. 4.

244 Vgl. Grete Müller, »Mut zur Sentimentalität«, in: *Die Stunde*, 24.11.1931, S. 4.

245 Vgl. N. N., »Neues vom Film«, in: *Vossische Zeitung*, 9.4.1932 (Abend-Ausgabe), S. 6.

246 Vgl. N. N., »Empfang beim Berliner Gesandten Doktor Frank«, in: *Freie Stimmen*, 17.12.1925, S. 4.

Kreislers hören ließ. Und Kreisler erklärte pflichtschuldig, er habe nie gedacht, »daß der Muskelkoloß so schön Violinspielen könne, und Schmeling war auf diese Kritik Kreislers ebenso stolz wie auf seinen jüngsten Knockoutsieg gegen den Amerikaner (Harry) Thomas.«[247]

Kreislers Verhältnis zur zeitgenössischen Musik wurde mit seinem wachsenden Hang zum Populären immer reservierter. Er beklagte »eine Menge modernen Lärms«, denn die »Atonalisten« wüssten nichts »von den klassischen Traditionen«. Er meldete deutliche »Skepsis« gegenüber dem an, was er nicht kannte oder einschätzen konnte, wie er selbst zugab: Dabei führte er Mahler und Strauss als positive Beispiele für Künstler an, die neue Wege eingeschlagen hätten, ohne zugleich ihren Sinn für »Harmonie und Schönheit« zu verlieren. Der stets um Ausgleich bemühte Kreisler vergaß allerdings auch nicht zu betonen, dass die Moderne eine »im Zustand (d)es Umbruchs« befindliche Epoche sei, die beständig »ungefestigte Verhältnisse« hervorbringe und so auch das Verständnis des Publikums einschränke. Entsprechend räumte er ein, dass auch er selbst manche der modernen Komponisten nicht »versteh(e)«, obwohl sie oft »tüchtige Musiker« seien und »wahrhaftige(s) Talent« besäßen. Dies könnte konkret auf führende Künstler in Deutschland gemünzt gewesen sein, etwa auf den Jugendfreund Arnold Schönberg oder auf den noch jungen, eminenten Geiger und Bratschisten Paul Hindemith, der in jener als Zeit als *Enfant terrible* der neuen Musik Furore machte.[248]

Die Suche nach Kompromissen zwischen der Unterhaltungsindustrie und der klassischen Musikkultur bewegt in jener Zeit nicht nur Kreisler: Adorno hat behauptet, die Kunst der Weimarer Republik sei insgesamt von zielloser Sorglosigkeit und dem mangelnden kritischen Bewusstsein einer unmündigen Gesellschaft geprägt gewesen.[249] Die modeverliebten 1920er Jahre hätten sich einem unver-

247 N. N., »Max Schmeling und Fritz Kreislers Geige«, in: *Gerechtigkeit*, 7.1.1938, S. 12.

248 Fritz Kreisler, zit. nach Lochner, *Fritz Kreisler* (Anm. 4), S. 193–199.

249 Vgl. Giselher Schubert, »Zur Einschätzung und Deutung des musikalischen Fortschrittsdenkens in der Musikkultur der Weimarer Republik«, in: *Musikkultur in der Weimarer Republik*, hg. von Wolfgang Rathert und dems., Mainz 2001, S. 54–65, hier S. 56 f.

bindlichen Pluralismus hingegeben, dessen von Wirtschaftsinteressen unterfütterte Massenkultur sich später wiederum dem Nationalsozialismus willfährig gemacht habe.[250] Die Welt, in der man »alles dürfen darf«, so zitiert Adorno Bertolt Brechts *Aufstieg und Fall der Stadt Mahagonny*, habe nur dem Anschein nach eine »politisch befreite Gesellschaft« gespiegelt. Das kulturelle Klima nach 1919 sei vielmehr so ambivalent gewesen, dass jede Möglichkeit zur Verwirklichung politischer Freiheit von vornherein behindert wurde; ja, durch sein stets kompromissbereites Verhalten habe Weimar letztlich dem späteren Kulturterror den Weg gebahnt, habe »die geflissentlich hervorgekehrte Unordnung schon nach jener Ordnung gegiert, die dann der Hitler über Europa brachte«.[251]

Kreisler war als international tätiger Künstler mit Wohnsitz in Berlin zweifellos ein Vertreter des Weimarer republikanischen Geistes. Und dennoch stand er auch für die nostalgische Verklärung des Kaiserreichs ebenso wie für einen modebewussten Zeitgeist, dessen wechselvolle Vielfalt mitunter als Unverbindlichkeit und dessen Weltoffenheit als Wurzellosigkeit erscheinen mochten. Aber lässt sich aus der unauflöslichen Verflechtung zwischen dem Geist des Kaiserreiches und dem der Nachkriegszeit für Kreisler schließen, dass er sich alle Handlungsmöglichkeiten für das Verhalten auch gegenüber den Machthabern nach 1933 offenhielt? Festzuhalten wäre zumindest, dass es Kreisler in den 1920er Jahren offenkundig vermied, eine klare politische Haltung zu zeigen. So verkehrte er mit dem Diktator Benito Mussolini, dem er eine »musikalische Begabung« auf der Geige zubilligte.[252] Auf die in der Presse lancierte Frage danach, ob der jüdische Physiker Albert Einstein oder der italienische Faschist Mussolini besser Geige spiele, verweigerte er tunlichst die Antwort, gestand beiden aber herausragende Fähigkeiten auf ihrem jeweiligen Gebiet zu: »Und was würden Sie sehen?«, fragt Kreisler zurück. »Sie würden sehen, daß diese beiden Männer, jeder so groß und hervorragend auf seinem

250 Vgl. Theodor W. Adorno, »Jene zwanziger Jahre« [1962], in: ders., *Kulturkritik und Gesellschaft II. Eingriffe, Stichworte, Anhang*, Frankfurt/M. 1977 (= *Gesammelte Schriften* 10,2), S. 499–506, hier S. 499 f.

251 Ebd., S. 501.

252 N. N., »Mussolini spielt Geige«, in: *Vorarlberger Volksblatt*, 17.9.1928, S. 2.

Gebiet, vor Anstrengung zittern und ihnen dabei der Schweiß über die Stirne rollt.«[253]

Zu einer Entscheidung war Kreisler (noch) nicht gezwungen: Er schien ganz staatsmännisch über den politischen Alltagskonflikten seiner Zeit zu stehen. Die ausgehenden 1920er und beginnenden 1930er Jahre verbanden sich für ihn, der als bald 60-Jähriger selbst bereits eine historische Figur zu werden begann, mit einer Fülle von öffentlichen Ehrungen und einer so einhelligen Zustimmung, dass von ernst zu nehmender Kritik an ihm keine Rede mehr war. Unter den Auszeichnungen finden sich ein Ehrendoktorat der Universität Glasgow, das »Goldene Ehrenzeichen der Republik Österreich« oder das Kommandeurkreuz des Königlichen Wasa-Ordens in Schweden. Als weltweit bekannter Künstler erhielt er enorme Honorarangebote; und dass sich Kreisler in dieser Zeit dafür entschied, eine weitere Operette zu schreiben, die seine weltweit gefeierte Vorkriegs-Nostalgie im Gewand der Wiener Volksmusik noch einmal bündelte, erschien aus ökonomischer und künstlerischer Sicht nachgerade folgerichtig. Die triumphale Uraufführung von *Sissy* einen Tag vor Heiligabend 1932 im Theater an der Wien war medial bestens aufgegleist und mit den seinerzeitigen Publikumslieblingen Paula Wessely und Hans Jaray ein sozusagen unvermeidbarer Erfolg, der entsprechend hunderte von Folgeaufführungen nach sich zog.[254]

Technik: Mozart

Kreisler war an den Konzertsaal- und Theaterkassen ein Publikumsmagnet: Die volle Durchschlagskraft seiner Arbeit aber wurde durch die Verbreitung von Kompositionen und Interpretationen auf Schallplatte erreicht. Trotz des großen Nutzens, den Kreisler selbst der Schallplatte zuerkannte, verhielt er sich in anderen technischen Fragen ausgesprochen zurückhaltend: So lehnte er beispielsweise Radioaufnahmen bis in die 1940er Jahre hinein ent-

253 »Einstein und Mussolini als Geiger im Urteil Fritz Kreislers«, in: *Zürcher Illustrierte*, Heft 21 (20.5.1932), S. 660.

254 Vgl. Lochner, *Fritz Kreisler* (Anm. 4), S. 216.

schieden ab. Und im Hinblick auf ein Ideal technischer Perfektion in der Aufführung gab sich Kreisler entspannt: Er wertete einzelne Patzer im eigenen Spiel als völlig unerheblich, wenn das künstlerische Gesamtbild der Wiedergabe stimmig erschien. Mit der raschen technologischen Entwicklung im Bereich reproduzierbarer Tonträger war allerdings eine Wandlung des Zeitgeistes in Gang, die er kaum unbeachtet lassen konnte. Die musikalische Situation um 1930 schätzte Kreisler so ein, dass »Technik« mittlerweile »alles« bedeute: Musik werde nur mehr »fürs Metronom produziert«. Für den »Zauber«, die »Lieblichkeit«, den »Klangreichtum« und die »Vielfarbigkeit« der Geige besäßen nur noch wenige Sinn. Die von ihm wahrgenommene, staunenswerte technische Ausbildung der Jugend müsse vor dem Hintergrund betrachtet werden, dass es eben vermehrt rein »technische Wunderkinder« in einer Zeit gebe, da sich jedermann mit Radioapparaten und Automobilen auskenne.[255]

Besonders eindrücklich lässt sich der von Kreisler beobachtete Zeitgeist-Wandel in ästhetischen Fragen an der Wirkung eines Komponisten wie Wolfgang Amadeus Mozart in den 1920er Jahren nachvollziehen, dessen Werke zum Standardrepertoire Kreislers zählten. Mozart war nicht so stark in die zeitgenössischen Kämpfe um Espressivo und Sachlichkeit verstrickt wie etwa Beethoven, stellte aber auch keine Ikone nüchterner Technizität dar wie Bach. Mozart lag darin im Trend: Für zahlreiche Zeitgenossen war er die Gallionsfigur eines gegen Gefühlsüberschwang und vermeintlich falsche Sentimentalität gerichteten Musikbegriffs. Mozarts Ökonomie und Sinn für Symmetrie wurden als Möglichkeiten hervorgehoben, der ästhetischen Überladenheit der Spätromantik zu entkommen.

Kreisler hat solches Denken zwar nicht abgelehnt. Doch wählte er kaum den Weg des Bruchs mit der unmittelbaren Vergangenheit, um Mozart zu verstehen: So hat er bereits in seine *Klassischen Manuskripte* und deren deutlich dem 19. Jahrhundert entstammendes harmonisches Umfeld Satzmodelle des 18. Jahrhunderts einfließen

255 Fritz Kreisler, Interview in: P. F. S., »Fritz Kreisler speelt te Amsterdam«, in: *Het Volk*, 19.1.1932, zit. nach Lochner, *Fritz Kreisler* (Anm. 4), S. 216.

lassen. Dieses Vorgehen entsprang dem Versuch, eine Kontinuität zu den kompositorischen Vorbildern der Vergangenheit glaubhaft werden zu lassen. Ein Formverfahren aus der Geschichte wurde sozusagen durch eine zeitgemäße Harmonik mit Leben erfüllt. Die Ausdrucksmusik des 19. Jahrhunderts klammerte der Geiger damit bewusst nicht aus. Entsprechend folgte Kreisler auch als Mozart-Interpret nicht jener Ästhetik der Nüchternheit, die den Zeitgeist der 1920er Jahre prägte. Vielmehr ließ sein Spiel Mozarts ökonomische Genauigkeit auf einen nachdrücklichen Espressivo-Anspruch treffen (hierin übrigens durchaus ähnlich wie Schönberg, der sich einmal als »*der* Schüler Mozarts« bezeichnete).[256]

Ein Musikkritiker der *Neuen Freien Presse* beschreibt Kreislers Mozart-Interpretation in einem Konzert von 1931 so:

> »Wenn Fritz Kreisler Mozart spielt, verwandelt sich unversehens der Konzertsaal in Sarastros ›heilige Hallen‹. Das Mysterium jener Liebe, die die Menschen im Gefühl der eigenen Schwäche und Unzulänglichkeit die göttliche nennen, tut sich auf, schafft eine Atmosphäre der Bezauberung. Dabei duldet Kreislers weise Abgeklärtheit keine Ueberschwenglichkeit, keine weichliche Sentimentalität. Schlicht und rein ersteht die Mozart-Phrase und es ist, als erglühte sie in ihrer Urgestalt. Erst in den Kadenzen tritt der Virtuose hervor, der einst in ›Liebesfreud‹ und ›Liebesleid‹ die Formel gefunden hatte, die ihm drei Erdteile bedingungslos unterwarf. Nun schwingt freilich – und begreiflich genug – ein Unterton der Resignation leise mit. Nichts ist ewig als die Vergänglichkeit, und darum sollten sich alle Künstler vor den Skalen jeden Tag eine Viertelstunde im Verzicht üben.«[257]

Das D-Dur-Konzert KV 218, das Kreisler hier (und im Laufe seiner Karriere zahllose weitere Male) aufführte, ist 1775 entstanden. Es ist mit einer Fülle von Spielfiguren ausgestattet, legt aber kein besonderes kompositorisches Augenmerk auf akrobatische Virtuosität. Stattdessen finden sich reichhaltige und vielfältige Überraschungsmomente, so etwa im Kopfsatz gleich beim ersten Einsatz der Solovioline. Die Geige beginnt ihr Spiel in hoher Lage, dramaturgisch erstärkt durch das Fehlen des Bassregisters im Orchester. Das Ver-

256 Vgl. hierzu *Mozart in der Musik des 20. Jahrhunderts. Formen ästhetischer und kompositorischer Rezeption*, hg. von Wolfgang Gratzer und Siegfried Mauser, Laaber 1992, bzw. Gernot Gruber, *Mozart und die Nachwelt*, Salzburg 1985.

257 Josef Reitler, »Konzerte«, in: *Neue Freie Presse*, 19.1.1931, S. 1 f, hier S. 1.

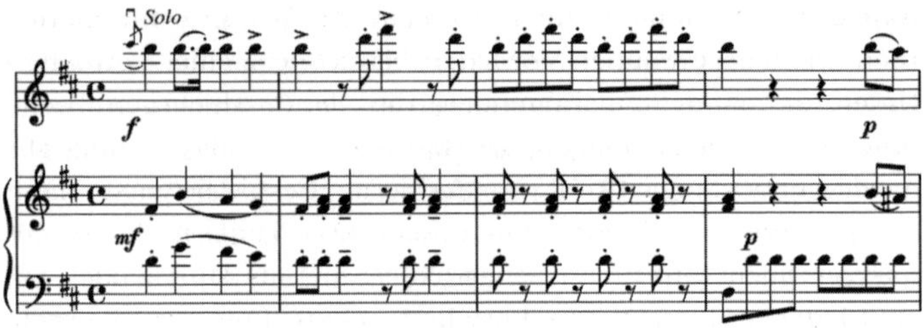

Abb. 11 W. A. Mozart, *D-Dur Violinkonzert* KV 218, 1. Satz, T. 42–45

blüffende eines Ad-hoc-Einsatzes im hohen Register nimmt Kreisler zum Anlass für einen gezielten Ausbruch an Vitalität, der durch eine Reihung unterschiedlichster Artikulationsformen auf engstem Raum zum Tragen kommt. Gleich zu Beginn von Kreislers Einspielung aus dem Jahr 1924 (mit dem London Symphony Orchestra unter Landon Ronald) greift die Geige den marschartigen Duktus des Orchestervorspiels auf, hier aber in einem tänzerischen *spiccato*, dass sich zu gebundenen Sechzehntel-Folgen verflüssigt. Es schließen sich hemiolisch federnde Achtelketten und eine blendend virtuose Kadenzfigur an. Zusammengehalten wird dieses Nebeneinander der Tonfälle und Techniken durch ein sehniges Vibrato – selbst auf nur kurz angetupften Sechzehntelfiguren –, das die Möglichkeit bietet, der Vielfalt der Stimmen ein Moment von einheitsstiftender Dringlichkeit zu verleihen.

Insgesamt zeigt sich hieran, wie Kreisler sein zuvor vielseitiges und »farbenreiches« Vibrato im Laufe der 1920er Jahre immer »gleichmäßiger« und technisch »perfekter« gestaltet.[258] Kreisler handelt dabei in der Tat weder sentimental noch überschwänglich in seiner scheinbaren Artikulation der »Reinheit« Mozarts, die der Zeitungsartikel der *Neuen Freien Presse* beschwor. Soweit entspricht sein Spiel den Erwartungen eines versachlichten Zeitgeistes, das sich infolge der politischen Verwerfungen des Krieges nach der vermeintlichen Unschuld eines komponierenden Götterlieblings zurücksehnte. Gleichwohl aber beschreibt der Zeitungs-Kommentar auch das Miteinander von Virtuosität und »Resignation«. Vielleicht

258 Leech-Wilkinson, *The Changing Sound* (Anm. 103), Kap. 5, § 12.

wäre dieser Umstand positiv gedeutet als ein Akt der kontrollierten Dienstbarkeit gegenüber Mozart zu bezeichnen; einer bewussten Unterordnung des Ausführenden, die gerade deswegen beeindruckt, weil der Hörende spürt, wie Kreislers Interpretation alle naheliegende Möglichkeit von exaltierter Gestik bewusst unterdrückt. Was Yehudi Menuhin einmal als »kühle Wärme« des Kreisler'schen Tons umschrieben hat, ist hier als Miteinander von eindringlicher Intensität und bewusster Gestaltungsstrategie nachvollziehbar: ein samtiger, streichelnder, schwerelos klarer Klang, der gleichzeitig voll und elastisch wirken soll.[259] Dieses Miteinander verleiht Kreislers Mozart-Interpretationen ihre Mischung aus Wärme und Kalkuliertheit.

1931 schrieb eine weitere Kritikerin über Kreislers Aufführung von KV 218:

> »Wenn Fritz Kreisler ein Mozartsches Violinkonzert (D-Dur) spielt, wird alle Anmut, Süße und Melancholie Mozartscher Musik offenbar. Wie die großen Klassiker der Tonkunst Musik geschrieben haben, die wienerisch ist und zugleich universal, dem heimatlichen Bezirk entsprungen, aber die gesamte Welt umspannend, so interpretiert Fritz Kreisler diese Musik als ein echter Wiener, der zum internationalen Künstler wurde. Die Musikstadt Wien hat diesem bedeutenden Künstler viel zu danken: er ist einer von den wenigen ganz großen Geigern, die das Symbol ›Wien‹ in die Welt hinaustragen, und diesem ›Wien der Musik‹ die Verehrung, Sympathie und Liebe in den europäischen und auch in den transatlantischen Ländern der Erde erwerben.«[260]

Das entschiedene Vibrato, die prägnante Artikulation oder eine Agogik des Gleichgewichts zwischen Vorwegnahme und Verzögerung des musikalischen Pulses scheint der Autorin zufolge also Mozart, Kreisler und Wien zu verbinden. Der Hintergrund ist klar: Die Erste Republik verstand Mozart als einen Universalkünstler mit zutiefst österreichischen Wurzeln. Das durch den Krieg territorial geschrumpfte Land versuchte nun, den politischen Bedeutungsverlust durch seine glorreiche Geschichte als Kulturnation auszugleichen. Und Kreisler schien hierfür der ideale Botschafter zu sein. Seine gleichsam improvisatorische Technik wurde zum Gegenmo-

259 Vgl. Füri, »I Pezzi Brevi di Fritz Kreisler sono ancora attuali?« (Anm. 153), S. 26.
260 E. B. [Elsa Bienenfeld], »Konzerte«, in: *Neues Wiener Journal*, 14.1.1931, S. 11.

dell zum als nüchtern empfundenen Zeitgeist erklärt und mit dem musikalischen Vokabular eines (wie immer auch klischeehaft wahrnehmbaren) »Wienerischen« verbunden.

Kreisler reizte es offenkundig, mit Stereotypen zu spielen. Dass er dies ganz bewusst tat, verrät etwa sein reflektierter Umgang mit den Anekdoten über sein Leben, die der Geiger in nicht enden wollender Vielgestalt verbreitet hat. Die Schilderung der Kriegserlebnisse vom Herbst 1914 will weder die Vergangenheit fiktiv beschönigen noch kann sie als vollkommen wahrheitsgetreu bezeichnet werden. Sie wirkt hinsichtlich einzelner Fakten wie aus dem Stegreif erfunden, weil sie durch den »Realitätseffekt«[261] des Ungeordneten und Vorläufigen von absichtsvoll erzeugter Lebendigkeit getragen ist. Dazu gehört auch die sich geschmeidig wandelnde Anpassung an den aktuellen Ort des jeweils Berichteten und der dosierte Einbezug zeitgemäßer Gemeinplätze, die das Spontane der Erzählweise leichter nachvollziehbar machen. In ähnlicher Weise wie Kreisler die Ereignisse der Kriegszeit mithilfe der globalen Medienströme verbreitete, erspürte und bediente er auch die musikalischen Bedürfnisse *nach* 1918. Bereits in der Kriegszeit, als Kreisler seinen ständigen Wohnsitz in die USA zu verlegen gezwungen war, kultivierte er ausgerechnet mithilfe der Massenmedien einen Abgesang auf das alte Europa in Gestalt von altmodisch anmutenden »Folksongs«. Nostalgie und Zeitgeist suchten dabei ein Gleichgewicht. Auch Kreislers Mozart von 1931 klang zwar, als hätte es seit dem vergangenen Krieg einfach keinerlei globale kulturgeschichtliche Umwälzungen gegeben. Doch damit verpasste der Geiger keineswegs den Anschluss an die modernen Entwicklungen der 1920er Jahre. Denn Kreisler fasste Mozart bereits vor dem Krieg so glaubwürdig und vital auf wie all jene, die ihn jetzt neu zu entdecken meinten.

Diese Beständigkeit nahmen auch seine Zuhörer wahr, wenngleich Kreisler zunächst als Vertreter einer aufregenden Modernität, dann einer auf Tradition zielenden Erinnerungskultur auftreten

261 Joel Fineman, »The History of the Anecdote. Fiction and Fiction«, in: *The New Historicism*, hg. von H. Aram Veeser, New York – London 1989, S. 49–76, hier S. 61.

mochte. Hierauf beruhte seine gleichbleibende Popularität als Geiger. Und eine solche über Jahrzehnte unveränderte Bedeutung Kreislers als Publikumsmagnet bestätigt Olin Downes noch in den 1940er Jahren: »Es gibt keinen Geiger, dessen Kunst dem großen Publikum mehr vertraut ist und der von diesem Publikum mehr geliebt wird als Fritz Kreisler«.[262] Gerade hatte er in einem Stadion vor 16 500 Zuhörern gespielt: Das Publikum

> »hing an jeder Note, die Herr Kreisler spielte, und als er erschien, erhob sich die Versammlung zu seinen Ehren. Der Geist, der seinem Spiel innewohnte, war ansteckend, und wieder wurde in unvergesslichen Phrasen jener einzigartige Ton erzeugt, den man, einmal gehört, immer wiedererkennt, und zwar nie ohne einen gewissen Schauder. ›Ah, ja,‹ sagt der Zuhörer, ›das ist Kreisler.‹«[263]

In dieser Hinsicht hatte sich Kreisler dann doch kaum verändert: Sein Geigenton klang vor dem Ersten Weltkrieg bereits genauso nach Nostalgie, wie er nach dem Krieg den Gegenwartsbezug behielt.

262 Olin Downes, »Fritz Kreisler plays«, in: *The New York Times*, 8.10.1930, S. 29.
263 Olin Downes, »16,500 in stadium for first concert«, in: *The New York Times*, 21.6.1944, S. 23.

5 Der innere Jude (1930–1942)

Jüdische Identität?

Kreisler galt zeitlebens nie als Aushängeschild *für* und nur selten als Zielscheibe *von* Angriffen gegen jüdische Künstler. Zwar wurde er immer wieder als Vertreter einer jüdischen Musikkultur der Moderne angesprochen. Doch ist es stets schwergefallen, Spuren der Darstellung einer jüdischen Identität in seiner künstlerischen Biografie nachzuweisen.[264] Beim Versuch, dies zu begründen, irritiert manches: Mit Kreisler wird gemeinhin ein besonders warmes und seelenvolles Geigenspiel verbunden. Er galt als Kriegsheld und ist mit seinen Kompositionen und seiner Art, Musik aufzuführen, ganz ohrenfällig in Wien verwurzelt. Er war zudem ein generöser Wohltäter. Damit bildete der breitenwirksame Eindruck von Kreisler das genaue Gegenteil jener antisemitischen Klischees, die seit Richard Wagners berüchtigtem Pamphlet *Das Judenthum in der Musik* auf jüdische Konzertmusiker bezogen wurden: eine auf brillante Effekte hin berechnete kalte Virtuosität, eine entwurzelte nationale Identität und eine ausgeprägte materielle Gier. Der Versuch der nationalsozialistischen Politik, Kreisler mit der Verbreitung solcher Vorurteile als Künstler »im Strom von Fäule und Zersetzung«[265] zu denunzieren, traf also in den 1930er Jahren auf ein völlig gegensätzliches Bild des Geigers in der Öffentlichkeit.

Der Unterschied zwischen Klischee und Wirklichkeit ist so augenfällig, dass man sogar mutmaßen könnte, Kreisler habe es darauf angelegt, jeden Hinweis auf vermeintlich Jüdisches in seiner künstlerischen Erscheinung selbst zerstreuen zu wollen. Dem nationalsozialistischen Stereotyp des kühlen, brillanten Technikers entsprachen viel eher die jüdischen Geiger Joseph Joachim und Jascha Heifetz, die folgerichtig als verstandesgelenkte oder von tech-

264 Vgl. Sander L. Gilman, »Einstein's Violin. Jews and the Performance of Identity«, in: *Modern Judaism* 25/3 (2005), S. 219–236.

265 Theodor Fritsch, *Handbuch der Judenfrage. Die wichtigsten Tatsachen zur Beurteilung des jüdischen Volkes*, Leipzig [38]1935, S. 305 bzw. S. 307 f.

nischem Eifer gelenkte Virtuosen verleumdet wurden. Dass dagegen Kreislers Markenzeichen ein oftmals als besonders innig beschriebenes Spiel war, ist kaum nur mit seiner Verehrung für die (übrigens katholischen) Geigenvirtuosen Pablo de Sarasate oder Eugène Ysaÿe zu erklären. Gerade Adolf Hitler liebte Kreislers Geigenspiel,[266] und es ist kein Zufall, dass der NS-Apparat Kreisler trotz der Gerüchte um seine jüdische Herkunft anfangs für die eigene Kulturpropaganda gewinnen wollte. Genauso wenig zufällig ist es, dass Harriet Kreisler bis weit in die 1930er Jahre hinein mit ihrem Mann das Geschäftsmodell eines urdeutschen Künstlers verbreiten konnte, der »keinen Tropfen jüdischen Blutes« in sich habe.[267]

Ging Kreislers Anpassungsbereitschaft so weit, dass er seine jüdischen Wurzeln systematisch verleugnete? Der Biografie Louis Lochners von 1950 gelingt es jedenfalls (wie erwähnt: unter tatkräftiger Mithilfe der Kreislers), die Worte »Jude« oder »jüdisch« im Zusammenhang mit der Person des Geigers kein einziges Mal zu erwähnen. Die Lebensbeschreibung enthält hierdurch aber auch erhebliche blinde Flecken. Gerade im Hinblick auf das Judentum Kreislers wird manches so planmäßig verändert oder verschwiegen, dass eine Art strategisches Muster erkennbar wird. Es erscheint daher notwendig, noch einmal auf bestimmte Einzelheiten der Jugend- und Reifezeit Kreislers zurückzukommen.

Dass Kreisler im Vierten Wiener Bezirk aufgewachsen sei, »von Kindheit an im römisch-katholischen Glauben erzogen«, 1887 getauft und seit 1889 das Ordensgymnasium der Piaristen besucht habe, steht so in der Lebensbeschreibung Lochners und wird von der Biografin Amy Biancolli, wohl nicht zuletzt aus Mangel an weiteren zugänglichen Quellen, teilweise übernommen.[268] (Kreislers gestalterische Eingriffe in die eigene Biografik werden von Biancolli gerade hinsichtlich seiner jüdischen Herkunft zwar durchaus kri-

266 Vgl. Ernst Hanfstaengel, *Zwischen Weißem und Braunem Haus. Erinnerungen eines politischen Außenseiters*, München 1970, S. 303.
267 Vgl. Dennis Rooney, »Instictive partnership« (Anm. 186), S. 32.
268 Vgl. Lochner, *Fritz Kreisler* (Anm. 4), S. 34 f., bzw. Biancolli, *Fritz Kreisler* (Anm 11), S. 45 und 338.

tisch, aber manchmal nicht ausdauernd genug diskutiert: So behauptet sie unter anderem weiterhin, Kreisler habe eine katholische Mutter gehabt.[269])

Dabei hat Kreisler beispielsweise das Josefstädter Piaristen-Gymnasium nie besucht. Auch der gänzlich ungesicherte Umstand, dass sich ihm bei dieser Gelegenheit »ein Mitglied des Piaristenordens« besonders zuwandte und »de(n) jungen Künstler« »das Orgelspiel« lehrte,[270] wird dadurch noch zweifelhafter, dass er einige Jahre früher in zwei weiteren Varianten von Kreislers Lebenserzählung erscheint. Zum einen spricht Kreisler 1940 selbst von einer Jesuitenschule in Paris, die er nach seiner Amerika-Tournee besucht habe und in der er von einem als Bibliothekar tätigen Priester nicht nur Griechisch und Latein, sondern auch das Orgelspiel erlernt habe.[271] (Der zitierte Textabschnitt vom Beginn der 1940er Jahre scheint für Kreisler seine religiöse Verbindung zum Christentum über die Musik, umrankt durch abendländisches Bildungszubehör wie Bücher und alte Sprachen, beweisen zu wollen – ist doch die Orgel eines der wohl ohrenfälligsten Stereotype der christlichen Musiktradition. Um deren Verwendung in der Synagoge – als Symbol der Assimilation – hatte die jüdische Reformbewegung im 19. Jahrhundert lange gestritten: Sie wurde an vielen Orten in Deutschland rasch, in Wien trotz der Bemühungen des berühmten Chasans Salomon Sulzer nur zögerlich, erst lange nach dessen Tod, in den jüdischen Gottesdienst eingeführt.[272])

Zum anderen behauptete Kreisler Ende der 1930er Jahre in einer französischen Zeitung, dass ihm ein Jesuitenpater, dessen Namen er vergessen habe (er führt dies auf Lücken in seiner Erinnerung zurück), in Paris die »Geheimnisse der alten Musik« zugänglich gemacht und ihm die Leidenschaft für die alten Manuskripte vermittelt habe, aus denen er später für seine eigenen Werke

269 Vgl. ebd., S. 183.

270 Lochner, *Fritz Kreisler* (Anm. 4), S. 35.

271 Vgl. Stidger, *The Human Side of Greatness* (Anm. 60), S. 71.

272 Vgl. hierzu Barbara Boisits, »›diese gesungenen Bitten um Emancipation‹ – Akkulturationsdiskurse am Beispiel von Salomon Sulzers Wirken am Wiener Stadttempel«, in: *Musikwelten – Lebenswelten. Jüdische Identitätssuche in der deutschen Musikkultur*, hg. von Beatrix Borchard und Heidy Zimmermann, Köln u. a. 2009, S. 91–107, hier S. 92 f.

schöpfte.[273] Ob Kreisler dabei auf seine mögliche Begegnung mit Jean-Baptiste Weckerlin, dem Bibliothekar des Pariser *Conservatoires* und Hinweisgeber auf die *Chanson Louis XIII*, anspielte oder nicht: Der Detailreichtum, mit dem er Geschichten wie diese im Nachhinein ausschmückte und im Übrigen auch mit anderen erfundenen Geschichten (hier zu den Ursprüngen seiner *Klassischen Manuskripte*) verknüpfte, überrascht kaum. Kreisler muss besondere Freude daran gehabt haben, Szenarien seiner jeweils aktuellen Wunschvorstellungen mit der Wirklichkeit zu verquicken.

Wurzeln

Auch weitere Einzelheiten aus Kreislers Leben, die nach Lochner unzweifelhaft festzustehen scheinen, müssen bei genauerer Betrachtung neu bewertet werden: Tatsächlich wächst Kreisler in einem Umfeld auf, das typischer gar nicht sein könnte für das aus den östlichen Kronländern zugezogene Wiener Judentum in der zweiten Hälfte des 19. Jahrhunderts. Offenbar waren Kreislers Großeltern mütterlicherseits schon vor seinem Vater aus Galizien angekommen, dabei vergleichsweise privilegiert und eher nicht (wie viele andere) getrieben von Hungersnöten, Krankheiten und ethnisch motivierter Verdrängung aus dem Wirtschaftsleben. Simon und Sarah Reches (geb. Goldhammer), die Großeltern mütterlicherseits, wohnten zur Zeit von Kreislers Geburt im selben Haus wie Schwiegersohn und Tochter: in der Großen Schiffgasse im Zweiten Bezirk, dem altbewährten Ankunfts- und Wohnort der aus den östlichen Provinzen migrierenden Juden.[274] Simon Reches wurde in den 1870er Jahren als Geschäftsführer, in späteren Jahren auch als Schafwollabfallhändler, Betreiber einer Agentur und Metallfabri-

273 Jean-Pierre Dorian, »Un des plus grands violinistes du monde: Fritz Kreisler: va-t-il devenir Francais?«, in: *Paris-Midi*, 30.4.1939, S. 4.

274 *Adolph Lehmann's allgemeiner Wohnungs-Anzeiger: Nebst Handels- u. Gewerbe-Adressbuch für d. k.k. Reichshaupt- u. Residenzstadt Wien u. Umgebung* (1875), unter: https://www.digital.wienbibliothek.at/wbrobv/periodical/pageview/33253 [zuletzt: 4.4.2022], S. 489, vgl. auch die Traueranzeige der Großmutter mütterlicherseits, in: *Neue Freie Presse*, 28.2.1895, S. 15.

kant gelistet.[275] Kreislers Mutter Anna war 1852 noch in Dobromil, sein sieben Jahre älterer Vater Samuel (den Biancolli übrigens durchgehend Salomon nennt[276]) in Tarnopol geboren worden: zwei etwa 250 km voneinander entfernten Bezirks- bzw. Kreisstädten des Kronlandes Galizien. Geheiratet haben sie offenbar direkt nach ihrer Ankunft 1871 in Wien; die erste Tochter Antonie wurde bereits im Dezember desselben Jahres geboren: Die Trauung sowie die Geburten der weiteren fünf Kinder sind in den Matriken der Wiener Israelitischen Kultusgemeinde verzeichnet (Anna Reches wird dort unter ihrem Geburtsnamen »Chaje Riwe« gelistet).[277] Kreislers Großvater Osias, ein Baumeister[278] (und nicht etwa Architekt, wie die Biografie Lochners behauptet[279]), folgte dem Sohn 1873 aus Tarnopol nach Wien. Die Großmutter war schon viele Jahre zuvor in Galizien verstorben.

Die Große Schiffgasse lag mitten im vor allem von jüdischen Menschen bewohnten Zweiten Gemeindebezirk Leopoldstadt. 200 Meter vom Haus entfernt gab es mit der Schiffschul eine orthodoxe Vereinssynagoge. Zum Leopoldstädter Tempel betrug der Fußweg rund 13 Minuten. Der Stadttempel, die Hauptsynagoge von Wien, in der Samuel und Anna Kreisler heirateten, befand sich in der Inneren Stadt in der Seitenstettengasse 4 und war in rund zehn Minuten zu Fuß erreichbar. Fritz Kreislers Großeltern mütterlicherseits, Simon († 1900) und Sarah († 1895), der Großvater väterlicherseits Osias († 1908), die Eltern Anna († 1910) und Samuel († 1921) sowie der Bruder Hugo († 1929) sind in der israelitischen Abteilung des Zentralfriedhofs beerdigt worden. Der Vater zog nach dem Tod der Mutter noch in die Untere Augartenstraße im selben Bezirk um.

275 Vgl. *Adolph Lehmann's allgemeiner Wohnungs-Anzeiger* für die Jahre 1871 bis 1900, dem Todesjahr von Simon Reches (urn:nbn:at:AT-WBR-127021 [zuletzt: 4.4.2022]).

276 Vgl. Biancolli, *Fritz Kreisler* (Anm. 11), S. 23 und passim.

277 Vgl. die Jüdischen Matriken der Israelitischen Kultusgemeinde Wien (Archiv der IKG Wien), Fritz Kreisler vgl. *FamilySearch* (https://familysearch.org/ark:/61903/3:1:33SQ-GB23-B2R?cc=2028320&wc=4692-D6C%3A344266801%2C344266802%2C344424301 [zuletzt: 14.3.2022]).

278 Vgl. den Eintrag im Verzeichnis der Genossenschafts-Mitglieder der Baumeister: Wiener Kommunal-Kalender und städtisches Jahrbuch für 1891, Wien 1892, S. 4.

279 Lochner, *Fritz Kreisler* (Anm. 4), S. 9.

Erst 75-jährig und damit kurz vor seinem Tod verließ Samuel den Bezirk mitsamt seiner Ordination: Möglicherweise bedingt durch den Geldsegen des erfolgreichen Sohnes oder aus Krankheitsgründen übersiedelte er mit seiner alleinstehenden Tochter Ella in die gehobene Wohnlage der Graf-Starhemberg-Gasse, tatsächlich nur wenige Meter von der Wiedner Hauptstraße entfernt[280] (wo die bisherigen Biografen das Geburtshaus Kreislers vermuteten). Nach Samuels Ableben wohnte dort also nur mehr Kreislers Schwester. Ihr Zwillingsbruder, der bekannte Cellist Hugo Kreisler, lebte mit seiner Frau Helene und dem gemeinsamen Sohn Kurt vorwiegend in Baden bei Wien.[281]

Ella war im November 1937 im Alter von 53 Jahren und wenige Monate vor dem Einmarsch deutscher Truppen in Österreich aus der Israelitischen Kultusgemeinde ausgetreten. Sie musste 1938 eine »Vermögensanmeldung« durchführen[282] und war ganz zuletzt nur mehr bei ihrer Schwägerin Helene in Baden gemeldet. Ellas Neffe Kurt, der 1908 geborene Sohn ihres verstorbenen Zwillingsbruders Hugo und dessen Frau Helene (geb. Heber, auch sie eine Wiener Jüdin), wohnte zu jener Zeit am Schwarzenbergplatz 3/7 und trat als promovierter Privatier mit 29 Jahren, kurz vor Ella, im Oktober 1937 aus dem Judentum aus. Auch er wurde zu einer Vermögensanmeldung gezwungen. Womöglich hat man beiden den Austritt nahegelegt, um eine einfachere Ausreise zu ermöglichen. Ella, Helene und Kurt Kreisler kamen jedenfalls im Oktober 1938 gemeinsam auf der *Empress of Britain* im kanadischen Quebec an. Alle drei waren staatenlos und gaben bei der Einreise unter »Race/Nationality« wieder »Hebrew« an.[283] Zehn Tage später erreichten

280 Vgl. etwa H. J. Kalcsik, »Fritz Kreisler«, in: *Neues Wiener Journal*, 7.10.1921, S. 4.

281 Vgl. Hugo Kreislers Todesanzeige in der *Neuen Freien Presse* vom 11.9.1929, S. 26.

282 Vgl. für das Folgende die Akten zu »Ella Kreisler« (Österreichisches Staatsarchiv, AT-OeStA/ AdR/ E-uReang/ VVSt/ VA/ 23140) und zu »Kurt Kreisler« (ebd., AT-NÖLA-RStH ND IVd-8 VA/ K253). Vgl. hierzu auch Hubert Steiner/Christian Kucsera, *Recht als Unrecht. Quellen zur wirtschaftlichen Entrechtung der Wiener Juden durch die NS-Vermögensverkehrsstelle*, Wien 1993.

283 Vgl. die *Manifests of Passengers Arriving at St. Albans, VT, District through Canadian Pacific and Atlantic Ports, 1895–1954, Records of the Immigration and Naturalization Service, 1787–2004* (The National Archives, Washington, DC, Record Number: 85, Series Number: M1464, Roll Number: 604), einzusehen unter: ancestry.com.

sie New York, wo Fritz, ihr Bruder, Onkel bzw. Schwager lebte. Fritz Kreisler selbst ist den Akten der Kultusgemeinde zufolge nie ausgetreten. Noch 1938 bestätigte er seine Verbindung zur Israelitischen Kultusgemeinde: Ihm wurde eine Geburtsurkunde ausgestellt.[284]

1992 hat Franz Rupp, Fritz Kreislers Klavierbegleiter der 1930er Jahre, ein Interview gegeben, in dem er behauptet, einmal Kreislers Bruder Hugo nach der gemeinsamen jüdischen Herkunft befragt zu haben. Hugo habe einfach geantwortet: »Ich bin Jude, aber mein Bruder, das weiß ich nicht«.[285] Warum Kreisler seine jüdische Abstammung beschwiegen hat, mag verschiedene Gründe haben: Er gab sich, seinem Naturell gemäß, hochgradig angepasst und machte sich in späteren Jahren panreligiöse Ideen der Gottesnähe von Musik zu eigen.[286] Er hörte zudem gewiss auch auf seine Ehefrau Harriet, die Fragen nach der Zugehörigkeit zum Judentum offenbar gar nicht erst aufkommen ließ.

Die wenigen überlieferten Zeugnisse zu Harriet müssen nicht dazu veranlassen, sie pauschal als Antisemitin zu verurteilen. Sie war zumindest aber eine Geschäftsfrau, die die Wirkung ihres Mannes in der Öffentlichkeit so weitgehend zu beeinflussen suchte, dass sie auch eine (vermeintlich imageschädigende) Verbindung zum Judentum beseitigen wollte. Tatsächlich wurde Kreislers jüdische Herkunft in der Presse der 1920er Jahre nur äußerst selten erwähnt.[287] Und Harriet hoffte offenbar sogar bis zuletzt darauf, die Nationalsozialisten würden aus Kreisler einen »Arier ehrenhalber« machen,[288] ohne dass er damit in der übrigen westlichen Welt an Ansehen verlieren würde. Zwar unterstützte Harriet Kreisler gelegentlich auch jüdische Einrichtungen in Wien.[289] Angeblich aber hing Mitte der 1930er Jahre eine Hakenkreuzflagge im Wohnzim-

284 Vgl. Rathkolb, »Vom Reserveoffizier zum Chronisten« (Anm. 59), S. 21.

285 Vgl. Biancolli, *Fritz Kreisler* (Anm. 11), S. 183.

286 Vgl. Stidger, *The Human Side of Greatness* (Anm. 60), S. 76 f.

287 Vgl. N. N., »Musiker«, in: *Central-Verein-Zeitung*, 9.11.1922, S. 318 (bei der C-V-Zeitung handelte es sich um eine der bedeutendsten jüdischen Wochenzeitungen im deutschen Sprachraum).

288 Rooney, »Instictive partnership« (Anm. 186), S. 31.

289 Vgl. N. N., »Das Liebeswerk der Frau Harriet Kreisler«, in: *Wiener Morgenzeitung*, 24.9.1926, S. 4.

mer des gemeinsamen Hauses in der Berliner Bismarckallee,[290] mit der Harriet – trotz der Ächtung Kreislers in Deutschland – offenbar die Gesinnungstreue zum Nationalsozialismus bekunden wollte. Ein Spagat der Loyalitäten war den Kreislers zwar im Ersten Weltkrieg gegenüber den USA und Deutsch-Österreich gelungen. Diesmal jedoch lagen kategorisch andere Umstände vor, die zumindest den Geiger dazu zwangen, zwischen den politischen Widersachern zu wählen.

Sissys Politik

Die Wirkung einer neuen Komposition, die Kreisler kurz vor der Machtübernahme der Nationalsozialisten in Deutschland abschloss, ließ seine damalige politische Position plötzlich ganz aktuell erscheinen. Nicht zuletzt aufgrund schwerer finanzieller Verluste an der Börse im Zuge der Weltwirtschaftskrise um 1930 hatte sich Kreisler dazu entschlossen, nach *Apple Blossoms* eine weitere »Light Music«-Operette zu schreiben, von der er sich einen Publikumserfolg versprach. Es handelte sich um *Sissy*, das als »Singspiel« bewusst an die eher einfach gehaltenen Vorläufer des Biedermeier anschloss, eigentlich aber eine Operette in der Nachfolge des *Dreimäderlhaus* von Heinrich Berté darstellte. Das Libretto verfassten die auf dem Feld der leichten Muse höchst erfahrenen Brüder Ernst und Hubert Marischka (die den Stoff nach dem Zweiten Weltkrieg übrigens auch noch in einen bahnbrechenden Filmerfolg verwandeln sollten): Es schildert im Kern die erste Begegnung zwischen Elisabeth, Tochter des Herzogs Max in Bayern, und Kaiser Franz Joseph von Österreich. Für die Titelrolle wurde die populäre junge Schauspielerin Paula Wessely gewonnen. Das Werk erschien erstmals am 23. Dezember 1932 auf der Bühne des Theaters an der Wien, war zunächst wochenlang ausverkauft und dann jahrelang ein Kassenschlager.

Kreisler verwendete für sein Singspiel größtenteils selbst komponierte Melodien aus seinem frühen Geigenrepertoire wie *Liebesleid, Liebesfreud, Schön Rosmarin* und *Caprice viennois*. Seinen

290 Vgl. hierzu Dümling, »Fritz Kreisler und der NS-Staat« (Anm. 16), S. 12.

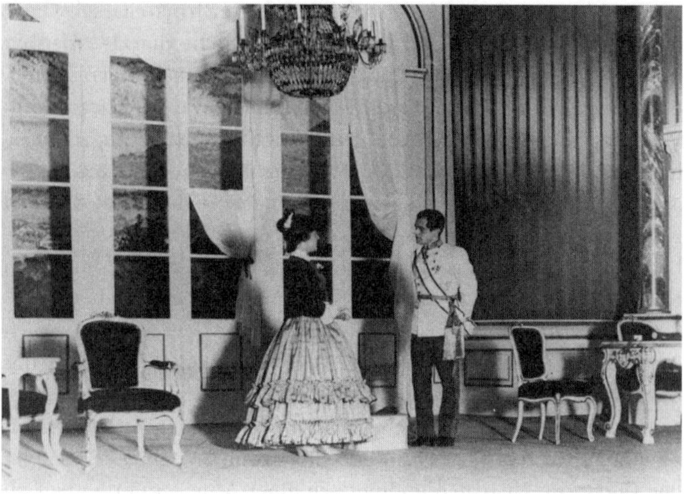

Abb. 12 Fritz Kreisler, *Sissy*. Szenenbild mit Paula Wessely und Hans Jaray, Theater an der Wien, 23.12.1932

überaus pragmatischen Zugang zur Materie verrät der Umstand, dass er darüber hinaus auch Nummern aus *Apple Blossoms* heranzog. Kreisler hat nie seine »Freude an der Sentimentalität« verhehlt und dem Publikum von *Sissy* geradezu geraten, sich diese »Freude« nicht von Verächtern des »Kitsches« »verekeln« zu lassen. Gleichzeitig versuchte er offenbar, in seiner Musik eine »Stimmung« zu transportieren, die bewusst mit der Sehnsucht nach einer besseren Vergangenheit (durchaus auch seiner eigenen »Jugendzeit in Wien«) arbeitet: »Wenn ›Sissy‹ auch 1853 spiele und er erst 1875 geboren wurde – er habe einfach seine Jugenderinnerungen, Freiwilligenjahr und so, in Musik gesetzt«,[291] berichtet ein Reporter aus einem Gespräch mit Kreisler. 20 Jahre zuvor waren noch »Alt-Wien« und das Biedermeier Schuberts Gegenstand sehnlicher Erinnerungen. Nun verklärte Kreisler die nach 1918 entschwundene imperiale Größe Wiens aus der k.u.k-Zeit.

291 N. N., »Fritz Kreisler in Wien«, in: *Der Wiener Tag*, 17.12.1932, S. 9.

Kreislers Stück traf 1932 auf eine österreichische Gesellschaft, die von tiefen Gräben durchzogen war: Politische Gewalt zwischen linkem Schutzbund, rechter Heimwehr und Nationalsozialisten eroberte vom Justizpalastbrand 1927 bis hin zum Februaraufstand 1934 die Straßen. Wer auf die lenkende Staatsmacht einer christlich-sozialen Mitte hoffte, verkannte, dass diese vor allem auf nostalgischen Monarchie-Träumen von vergangener Vielfalt und Größe gründete. Österreich wollte sich zwar als »deutscher« Staat verstehen. Zugleich aber war es überzeugt davon, Erbe einer humanen Kultur der k.u.k.-Weltmacht zu sein, die den moralischen Standards Hitler-Deutschlands weit überlegen war. Dieser Widerspruch scheint indirekt auch in *Sissy* greifbar, und entsprechend traf das Stück den Nerv eines breiten Publikums. Doch eignete sich die Operette in solchem Sinne eher zum Schwelgen in der Vergangenheit als zum Benennen aktueller politischer Probleme. In Kreisler meinten gewogene Kritiker die Noblesse eines Musikers erkennen zu können, »der Franz Schubert in sich trägt«:

> »So war alles durchaus kaiserlich, durchaus voll jenes Glückes, jener Heiterkeit, die die Menschheit offenbar nicht vertragen hat und sich deshalb auch verscherzte; aber wenigstens im Theater freuen sich jetzt daran die Enkel, erleben wenigstens im Scheine, was längst unwi(e)derbringlich dahingegangen ist.«[292]

Die k.u.k-Nostalgie von *Sissy* gipfelte darin, dass am Schluss der Vorstellung beim Auftritt Franz Josephs vom vollen Orchester die Kaiserhymne intoniert wurde. Es wird berichtet, dass sich die Zuschauer im Theater an der Wien dabei von ihren Sitzen erhoben hätten. Symbolträchtig ist diese Szene in mehrfacher Hinsicht: für ein Land, das sich selbst immer noch als monarchietreu inszenierte; für ein Land allerdings, das dies aus Mangel an Möglichkeiten nur noch im Theater tat; und für ein politisches System schließlich, das in der Wirklichkeit durch autoritäre politische Bewegungen von links und rechts zerrieben zu werden drohte. Die Bedeutung musikalischer Inszenierungen darf in Österreich zwar nie unterschätzt

292 Rudolf Holzer, »Theater an der Wien. ›Sissy‹. Singspiel von Hubert und Ernst Marischka, Musik von Fritz Kreisler«, in: *Wiener Zeitung*, 25.12.1932, S. 6 f., hier S. 7.

werden. Und Kreisler wusste um die Wirkung, die er bereits knappe 20 Jahre früher schon einmal ausgelöst hatte, als er die Kaiserhymne als Stück für Sologeige arrangiert hatte. Doch ahnte der Geiger zugleich wohl auch, dass der Einfluss von politischen Nostalgikern auf die Wirklichkeit im Zweifelsfall nur sehr gering sein würde.

Wirklichkeitsnäher beschreibt ein Artikel der *Reichspost* die Publikumsreaktion auf die Volkshymne als Zustimmung zu einer entschieden österreichischen Haltung, die sich gegen politischen Radikalismus (zwischen »Marxismus« und Nationalsozialismus) richte.[293] Dies traf wiederum gut die Absicht insbesondere Hubert Marischkas, der auch in den folgenden Jahren kulturpolitisch ausdrücklich im Sinne des Österreich-Gedankens der Dollfuß-Regierung agierte.[294] Es gab aber auch ausgesprochen kritische Stimmen gegenüber der »niedliche(n) Belanglosigkeit« *Sissy*, denen das klare Bekenntnis zu einer längst verabschiedeten Staatsform wenig behagte: einem »Monarchismus, der nicht merkt, daß er sich selbst lächerlich macht, wenn er seine Ideale, seine Hymnen als Operettenschlager losläßt«, was dann doch wieder »jedem Republikaner nur recht sein« könne.[295]

Dass sich zu Beginn der 1930er Jahre in verschiedenen europäischen Staaten Europas faschistische Bewegungen durchsetzen konnten, wirkte sich auch auf die politische Entwicklung Österreichs nach 1933 aus. Die staatlich unterstützte Heimwehr etwa vertrat ähnliche Ideen wie das autoritär regierte Italien. Und in Italien sah wiederum die österreichische Regierung später einen wichtigen Verbündeten gegen das nationalsozialistische Deutschland im Kampf um politische Selbständigkeit. Inmitten dieses Getümmels der Ideologien glaubte Kreisler weiterhin, persönliche Verbindlichkeiten vermeiden zu können – in der Rolle des neutralen Beobachters oder gar eines Schiedsrichters der Musikkultur. Zu seiner planvollen Selbstdarstellung zwischen den Kriegen hatte es gehört, so wenig wie möglich politisches Profil zu zeigen. Kreisler trat in den 1920er Jahren sowohl im kommunistischen Russland wie im fa-

293 W., »Reaktion in den Soffitten«, in: *Reichspost*, 29.12.1932, S. 1f.
294 Vgl. dazu N. N., »Das erwachende Österreich«, in: *Arbeiter-Zeitung*, 9.11.1933, S. 5.
295 R—i, »›Sissy‹ im Theater an der Wien«, in: *Der Abend*, 31.12.1932, S. 4.

schistischen Italien auf. Doch nun, zu Beginn der nationalsozialistischen Diktatur Anfang des Jahres 1933, sah der Geiger sich durch die Wucht der politischen Entwicklungen zu einer raschen Entscheidung genötigt.

Abgrenzungsprobleme

Der berühmte Dirigent Arturo Toscanini protestierte im Mai 1933 aufsehenerregend gegen die Auftrittsverbote verfolgter Künstler in Deutschland. Seine hiermit verbundene Absage, im Sommer 1933 bei den Bayreuther Festspielen aufzutreten, löste eine Welle breiter Unterstützung aus. Damit setzte Toscanini ein Zeichen gegen jede Form von Kompromissbereitschaft mit den Machthabern in Berlin. Wie wenig solche Bestimmtheit Kreisler behagte, zeigt ein Appell des Geigers in der *New York Times* von Anfang April. Mit seinem »statement« wollte er den Musikerkollegen zur Zurücknahme der schon als Gerücht im Raum stehenden Absage bewegen. Kreisler versuchte dabei, die jüngsten politischen Entwicklungen in Deutschland als einmalige »Gefühlswelle« zu erklären, der eine baldige Rückkehr zu »Ordnungssinn im Geiste alter deutscher Tradition« folgen werde. Er rechtfertigte die Entwicklungen in Deutschland mit den schwierigen wirtschaftlichen Umständen und beschwor Toscanini mit feierlicher Eindringlichkeit, die kulturellen Kontakte zu Deutschland nicht abzubrechen: »Wir können auf einen so mächtigen Botschafter des Friedens und Herold des guten Willens nicht verzichten, wenn die Nerven aller Nationen blank liegen und wieder düsteres Kriegsgeraune zu hören ist.«[296]

Nachdem über Kreislers Einsatz als Sprachrohr NS-Deutschlands ein wohlwollender Bericht in Berliner Zeitungen erschienen war,[297] reagierte die Wiener Presse rasch und einhellig ablehnend. Was Kreisler nun erlebte, war ein in seiner bisherigen Karriere ungekannter Aufruhr gegen seine Person: Seine Rolle als unbeteiligter Friedensstifter, der sich weitestgehend an die Umstände des jewei-

296 N. N., »Kreisler deplores plea to Toscanini«, in: *The New York Times*, 5.4.1933, S. 11.
297 Vgl. etwa N. N., »Fritz Kreisler an Toscanini«, in: *Vossische Zeitung*, 6.4.1933 (Morgen-Ausgabe), S. [3].

ligen Konflikts anpasste, ohne eine der Seiten zu verärgern, zog nicht mehr, ja sie schlug ihm nun zum Nachteil aus. In seiner Heimatstadt wurde Kreislers Haltung angesichts offenkundiger Judenverfolgungen als zynisch gebrandmarkt.[298] Und es wurde ihm unterstellt, sich den Nationalsozialisten anzudienen, um den Erfolg von *Sissy* in Deutschland nicht zu gefährden: »Sie fragen, ob Herr Kreisler von seiner Nazi-Anbiederung etwas erhofft. – Sì Signore!«[299] Gesprochen wurde von einem »Gewimmer der rasch zur Kapitulation bereiten Minderwertigkeit«,[300] von einem »Virtuosen der Schande«, in Anspielung auf *Sissy* vom »österreichische(n) Jude(n) Fritz Kreisler – aufgewachsen bei den Habsburgern in der Kapuzinergruft«, der aus dem »Wiener Ghetto« stamme und jetzt ein »Operettenfatzke« ohne jedes »Gefühl für Würde« geworden sei.[301] Schließlich wurde sogar, weil Kreisler »um seinen ›Sissy‹-Kitsch« fürchte, gemutmaßt, es enthülle sich hier Kreislers »antisemitisches Herz« aufgrund »kläglicher Tantiemenschlotterei«. Stets habe sich Kreisler bisher geschickt aus aller politischer Diskussion herausgehalten: als »Pianissimo-Salonmelodiker«, »Paganini der leisetretenden Manierlichkeit« und »Geiger des goldenen und von allzu künstlerischen Dissonanzen ungern gestörten Wiener Herzens«. Diese Haltung sei aber nun durch reine »Habgier« als lediglich vorgetäuschte entlarvt worden. Der Text des Chefredakteurs der *Wiener Allgemeinen Zeitung* (der übrigens 1938 aus politischen Gründen in die USA emigrierte) schloss mit den Worten: »Fritz Kreisler hatte einige humanitäre Verdienste, auch um Oesterreich. Man darf wohl sagen: Er hat sie verwirkt.«[302]

Der Vorwurf der Vorteilsnahme kam in Wien nun also von allen Seiten und verband sich mit allerlei spöttischen Bemerkungen. So-

298 Vgl. N. N., »Fritz Kreisler für den ›Aufbruch der deutschen Nation‹. Eine mehr als merkwürdige Erklärung des Geigers in der amerikanischen Presse«, in: *Der Morgen. Wiener Montagblatt*, 10.4.1933, S. 7.

299 N. N., »Korrespondenz der Redaktion«, in: *Der Morgen. Wiener Montagblatt*, 18.4.1933, S. 15.

300 N. N., »Furtwängler an Dr. Goebbels: ›Es gibt nur gute und schlechte Kunst‹. Ein Protest des berühmten deutschen Dirigenten gegen den Boykott jüdischer Künstler«, in: *Der Wiener Tag*, 11.4.1933, S. 1.

301 N. N., »Virtuosen der Schande«, in: *Die neue Welt*, 14.4.1933, S. 3.

302 Ullmann, »Fritz Kreisler greift daneben« (Anm. 7), S. 5.

gar Kreislers kurz darauf eilig hinterhergeschobene Gegenerklärung zur gerade verkündeten Toscanini-Kritik, verbunden mit der Ankündigung, nun auch selbst nicht mehr in Deutschland konzertieren zu wollen, wurde als »zweifelhaft« eingeschätzt, da augenblicklich noch *Sissy* in München am Deutschen Theater zur Aufführung kam.[303] Die in jener Zeit ergehende Einladung Wilhelm Furtwänglers an Kreisler, während der Saison 1933/34 bei den Konzerten der Berliner Philharmoniker als Solist aufzutreten, zwang den Geiger schließlich zu einer weiterführenden Entscheidung. Es war eine Entscheidung, der am Ende wohl auch Harriet zustimmte, da bereits absehbar war, wie stark ihm der Verlust an Zustimmung aus Österreich, England und den USA schaden würde. Anfang Juli 1933 lehnte Kreisler Furtwänglers Einladung medienwirksam ab: Er werde so lange nicht in Deutschland auftreten, bis bewiesen sei, dass Künstler aufgrund ihrer »Abstammung«, ihrer »Religion« und ihrer »Nationalität« nicht verfolgt würden.[304] Gewiss waren mit dieser Entscheidung wirtschaftliche Einbußen für Kreisler verbunden, da nun für ihn der wichtige deutsche Markt wegfiel. Doch verstärkte die Entscheidung seine Popularität im Rest der Welt. Und zumindest Kreislers Kompositionen wurden auch weiterhin in Deutschland gedruckt und verkauft, was sein widersprüchlich erscheinendes Verhältnis zum Deutschen Reich noch einmal eindringlich beleuchtet: Kreisler erhielt auch nach 1933 noch Tantiemenzahlungen aus dem Verkauf seiner Werke, die bei Schott erschienen – anscheinend ungefähr 8000, später auch weit über 10 000 Reichsmark jährlich.[305]

Kreisler bekräftigte nun in einem weiteren Artikel der *New York Times*, dass er Auftritte in Deutschland ablehne, obgleich Hans Hinkel, preußischer Staatssekretär für Kultur, versicherte, ausländische Nicht-Arier seien in ihrer künstlerischen Ausübung in Deutschland nicht behindert. Kreisler ließ verlauten, er habe inzwischen viele Konzertanfragen aus den USA, sodass er abwarten wolle, ob Hin-

303 N. N., »Bühne und Kunst. Absagen an Deutschland«, in: *Der Wiener Tag*, 5.8.1933, S. 8.

304 Vgl. hierzu Lochner, *Fritz Kreisler* (Anm. 4), S. 228.

305 Vgl. Dümling, »Fritz Kreisler und der NS-Staat« (Anm. 16), S. 15.

kels Worten auch Taten folgten. Er selbst wolle keine bevorzugte Behandlung beanspruchen und sich gedulden, bis die Ankündigungen der deutschen Regierung »in die Tat umgesetzt« worden seien: »Kunst ist international«, so schloss er staatstragend, »und ich wende mich gegen Chauvinismus in der Kunst, wo immer ich ihm begegne«.[306] Kreisler untersagte nun umsichtigerweise auch die deutschsprachige Amerika-Aufführung von *Sissy* »angesichts der gegenwärtigen Verhältnisse«. Er schien berechtigterweise »Befürchtungen zu hegen, wie das amerikanische Publikum, das jetzt sehr hitlerfeindlich eingestellt ist, eine deutsche ›Sissy‹-Aufführung quittieren könnte«.[307] (In solchem Sinne unglücklich gipfelt das Stück nach der Intonation der Kaiserhymne nämlich auch noch triumphal in »Heil! Heil! Heil! Heil!«-Rufen des anwesenden Volkes – wobei die Haydn-Hymne in Europa als politisches Symbol für Österreich und die Weimarer Republik, nicht aber für das nationalsozialistische Deutschland aufgefasst wurde.)

Während sich Künstler wie sein Jugendfreund Arnold Schönberg nach ihrer Flucht aus Deutschland gründlich neu ausrichteten, ihre früher verloren gegebene Beziehung zum Judentum wieder entdeckten und den neuen Machthabern auch mit ausdrücklich politischen Aktionen trotzten, suchte Kreisler weiter nach einem weitestmöglich stillen und konfliktarmen Auskommen mit den Gegnern wider Willen. Es scheint, als sei Kreisler hin- und hergerissen zwischen einer fortwährenden Bereitschaft zur unbedingten Assimilation, die das Wiener jüdische Bürgertum über Jahrzehnte hinweg erfolgreich gepflegt hatte, und der Abwehr gegenüber jener lebensbedrohlichen Rassenpolitik des NS-Regimes, die »den Juden« selbst beim Ablegen aller äußeren Zeichen ihrer Kultur nie zugestand, sich »innerlich« gänzlich anpassen zu können.[308]

306 N. N., »Kreisler Is Firm on Reich Concerts«, in: *The New York Times*, 21.7.1933, S. 5 (als Nachdruck einer Associated-Press-Meldung).

307 N. N., »Fritz Kreisler verbietet die deutsche Amerika-Aufführung von ›Sissy‹«, in: *Wiener Allgemeine Zeitung*, 18.5.1933, S. 6.

308 Vgl. Steven E. Aschheim, »›The Jew Within‹. The Myth of ›Judaization‹ in Germany«, in: *The Jewish Response to German Culture. From the Enlightenment to the Second World War*, hg. von Jehuda Reinharz und Walter Schatzberg, Hanover 1985, S. 212–241.

Wie schwierig der Umgang mit politischen Bekenntnissen für Kreisler auch später noch gewesen sein muss, zeigt der Umstand, dass die Biografie Lochners die Auseinandersetzung um Toscanini von 1933 vollständig ausgelassen hat. Kreisler sah sich wohl zu öffentlichen Abgrenzungen wie der gegenüber dem NS-Regime nachgerade genötigt. So aber wurde er wieder (im Positiven wie im Negativen) in die Nähe jenes Jüdischen gerückt, das er jahrzehntelang aus der Berichterstattung über sich hatte heraushalten können. Zwar verfolgte er auch weiterhin das Ziel, diese Nähe so wenig spürbar werden zu lassen wie möglich. Doch Kreislers nunmehr eindeutige politische Haltung wurde zumindest von außen als Bekenntnis zum Judentum wahrgenommen. So warb im Dezember 1934 die Wiener *Gerechtigkeit* mit Kreisler:

> »Wir drucken in jeder Nummer in Fortsetzungen die Namen und das Lebenswerk unserer jüdischen Mitmenschen, die sich auf den verschiedenen Gebieten des menschlichen Schaffens und Wirkens ausgezeichnet haben, ab. Wir tun dies, um den Irrsinn der Lehre von der Minderwertigkeit der jüdischen Rasse zu beweisen.«[309]

Angriffe

Auch noch in einem anderen Zusammenhang wurde Kreislers jüdischer Hintergrund in der Öffentlichkeit zum Thema. 1935 wies der New Yorker Musikkritiker Olin Downes, bestärkt durch eigene Nachforschungen, auf den Umstand hin, dass Kreislers überaus erfolgreiche *Klassische Manuskripte*, die angeblich Bearbeitungen von Komponisten vor allem des 18. Jahrhunderts darstellen sollten, in Wahrheit weitestgehend eigene Kompositionen des Geigers waren.[310] Bis auf einige kritische Bemerkungen des (eigentlichen) Kreisler-Verehrers Ernest Newman in der Londoner *Times* wurde die vermeintliche jahrzehntelange Täuschung des Publikums weitestgehend mit gelassener Milde aufgenommen: Entweder erkannte

309 N. N., »Was sie für die Menschheit leisteten ...«, in: *Gerechtigkeit*, 6.12.1934, S. 4.

310 Vgl. N. N. [Olin Downes], »Kreisler Reveals ›Classics‹ as Own; Fooled Music Critics for 30 Years«, in: *The New York Times*, 8.2.1935, S. 1, und Lochner, *Fritz Kreisler* (Anm. 4), S. 240.

man die Berechtigung von Kreislers Verhalten an oder erklärte den Umgang mit den *Manuskripten* sogar zu einer bereits allseits bekannten Tatsache.[311]

Otto Erich Deutsch bemerkte in diesem Zusammenhang, es sei einerseits schon bei Paganini üblich gewesen, dem Publikum gegen Ende »selbstkandierte Süßigkeiten« zu »verabreichen«, und andererseits habe der gefeierte Geiger Kreisler sich gerade aus »Bescheidenheit« und »Stolz« die »Maske des Bearbeiters« umgebunden, um nicht zugleich noch auf der Bühne als Komponist Ruhm einzuheimsen. Im Übrigen besitze die Angelegenheit kein juristisches Gewicht und entspräche der Praxis »erfundene(r) Zitat(e)«, die einem anderen Urheber zugeschrieben würden.[312] Fortan jedenfalls erschienen die *Manuskripte* nur noch unter Kreislers eigenem Namen. Downes, der mit seinem Artikel den Stein ins Rollen gebracht hatte, veröffentlichte schließlich selbst noch eine flammende Verteidigungsrede Kreislers, die in einer kühnen Metapher gipfelte: »Sollte der Mann, der im Dunkeln das falsche Mädchen geküsst hat, die Praxis des Küssens verurteilen?«[313]

Kreisler begründete sein Vorgehen nachträglich damit, dass es ihm seinerzeit »ungebührlich und geschmacklos« erschienen sei, seinen »Namen auf den Programmen unaufhörlich zu wiederholen«.[314] Er selbst hatte die Entstehungsgeschichte der *Manuskripte*, wie erwähnt, in verschiedenen Varianten überliefert. Kreisler berichtete schon 1909 in einer mit ausgeschmückten Details versehenen, im faktischen Kern aber eher vage bleibenden Geschichte, er habe »einmal in Italien« eine Sammlung von »alten Dingen in einem bestimmten Palast« besichtigt, unter denen er eine Handschrift mit einer wunderschönen Melodie entdeckt und gekauft habe. Bei anderer Gelegenheit habe er in einem »alten Kloster« in Südfrankreich einige Noten aufgefunden. Zwar seien die Melodien

311 Vgl. N. N., »Kreisler's secret kept by musicians«, in: *The New York Times*, 9.2.1935, S. 17.

312 Otto Erich Deutsch, »Ist Kreisler schuldig? Namensverfälschung alter Meister«, in: *Wiener Zeitung*, 8.3.1935, S. 14.

313 Olin Downes, »Kreisler's ›Classics‹«, in: *The New York Times* (Section 8), 3.3.1935, S. 5.

314 Fritz Kreisler, zit. nach Lochner, *Fritz Kreisler* (Anm. 4), S. 240.

von ihm mit wenigen Änderungen und einer »modernisierten« Begleitung versehen worden, »aber ich habe versucht, den Geist der Originalkompositionen beizubehalten«.[315]

Eine schlüssige Begründung für Kreisler Handeln im Zusammenhang mit den *Manuskripten* lieferte übrigens schon lange Zeit zuvor Max Kalbeck, der offenbar nur seine gut geschulten Ohren benötigte, um die Herkunft der Stücke zu erklären:

> »Hier, wo Betrug und Irreführung gänzlich ausgeschlossen sind, handelt es sich weniger um Echt oder Unecht als um Schön oder Unschön. Was Kreisler seiner Sammlung ›klassischer Manuskripte für Violine und Klavier‹ einzuverleiben für gut dünkt, ist lediglich Geschmackssache. Mag der Historiker dazu sagen was er will, wenn nur der Aesthetiker einverstanden ist. Und daß die von ihrem Eigentümer mit Liebe und Verständnis restaurierten oder montierten Tonwerke des siebzehnten und achtzehnten Jahrhunderts vor jedem Forum vorurteilsloser Geschmacksrichter bestehen werden, kann niemand bestreiten. Aus dem Konservator ist ein Regenerator, aus dem Finder ein Erfinder, aus dem Nachahmer ein Schöpfer geworden.«

Und Kalbeck spitzte diese Beobachtung abschließend noch deutlicher zu:

> »Für seine Zwecke hat er sie erworben, bearbeitet und benützt, ein Goldschmied, der die Steine oder die Fasson verändert, ein Handschriftenforscher, der die Urschrift eines Palimpsestes entziffert und ergänzt, ein Bergmann, der die Edelader vom tauben Gestein befreit.«[316]

Die nationalsozialistische Propaganda erblickte in der Geschichte um die *Manuskripte* jedoch eine Möglichkeit, Kreisler, der sich öffentlich von Deutschland abgewendet hatte, in ein schlechtes Licht zu rücken. Im März 1935 erschien in der Zeitschrift *Die Musik* ein Artikel, der Kreisler ganz im Sinne antisemitischer Klischees vorwarf, »systematische (...) Täuschung« betrieben und sein Publikum aus »Gewinnsucht« arglistig »hinters Licht« geführt zu haben. Wegen der im Weltkrieg bewiesenen »achtunggebietende(n) Gesinnung« Kreislers falle der Angriff nicht noch schärfer aus, »(a)ber sollte in diesem Falle nicht doch ein rassisch bedingter innerer

315 N. N., »How Kreisler finds musical novelties«, in: *The New York Times*, 8.11.1909, S. 7.

316 Max Kalbeck, »Fritz Kreisler« (Anm. 202), S. 15–16.

Bruch vorliegen?«[317] Zum ersten Mal wurde Kreisler hier vom NS-Apparat ausdrücklich als Jude aus rassistischen Beweggründen denunziert. Im selben Jahr erschien Kreisler in der 38. Auflage von Theodor Fritschs *Handbuch der Judenfrage* auf einer Liste, die jüdische Künstler anprangern wollte.[318]

Anfang 1935 fanden sich in der Presse sogar Gerüchte um Beschlagnahmungen gegen Kreisler und seinen Besitz in Berlin. Der Geiger, ungewohnterweise ohne seine Frau auf einer Tournee durch England und die Niederlande unterwegs, machte im Januar in London auf seine Situation mit einem so nie zuvor und auch niemals später wieder zu findenden Bekenntnis zum Judentum aufmerksam: Er habe sich als Jude geweigert, in Deutschland aufzutreten, seit die Nationalsozialisten begonnen hätten, andere Juden zu verfolgen, bemerkte er. Und er laufe so Gefahr, sein Haus in Berlin sowie seine wertvolle Bibliothek zu verlieren. Dies sei das dritte Mal, dass er seiner Lebensgrundlage beraubt werden könnte: zuerst durch den Krieg, als er schwer verletzt worden sei, dann durch die Folgen des wirtschaftlichen Zusammenbruchs in Amerika um 1930 und nun durch die in Aussicht stehenden Maßnahmen der deutschen Regierung. Wenig später berichteten holländische Zeitungen vom Interview.[319] Auf diese Äußerungen bezieht sich vermutlich auch die Erinnerung von Kreislers seinerzeitigem Klavierbegleiter Franz Rupp, der in einem späteren Gespräch betonte, Kreisler habe in dieser Zeit erstmals in Amsterdam öffentlich als Jude gegen die Behandlung durch den NS-Staat protestiert. Bereits einen Tag später allerdings habe Harriet darauf bestanden, dass Kreisler ein öffentliches Statement abgebe, welches die Bedingungen in Deutschland deutlich positiver darstelle.[320] Und in der Tat: Kurz darauf berichtete der renommierte *Telegraaf*, dass die Gerüchte, wonach das deutsche Vermögen von Kreisler von den zuständigen Behör-

317 N. N. (Herausgeber), »Unsere Meinung: Fritz Kreislers Arglist«, in: *Die Musik* 27/6 (1935), S. 460.

318 Vgl. Hans Költzsch, »Das Judentum in der Musik«, in: *Handbuch der Judenfrage* (Anm. 265), S. 313–327, hier S. 323.

319 Dies berichten in Reaktion auf englische Zeitung verschiedene holländische Blätter: N. N., »Fritz Kreisler naar Duitsland«, in: *De Tribune*, 2.2.1935, S. 3, N. N., »Fritz Kreisler in Londen«, in: *Limburger koerier*, 30.1.1935, S. 1.

320 Vgl. Franz Rupp, Interview mit Louis Lochner vom 12.4.1949 (Anm. 239).

den beschlagnahmt worden sei, haltlos seien.[321] In Amsterdam, wo die Hintergründe der Verunglimpfung und Bedrohung Kreislers bereits bekannt waren, wurde der Geiger bei seinem Konzertauftritt ungeachtet dessen mit *standing ovations* geehrt.[322]

Wer vom »berüchtigten Flunkerer« Kreisler spricht,[323] weist auf eine Erfindung jener Nationalsozialisten hin, die seine jüdische Herkunft in ein schlechtes Licht rücken wollten. Überhaupt erst ins Licht *der Öffentlichkeit* rücken wollten, so müsste man treffender sagen: Denn bis zu diesem Zeitpunkt war Kreisler mithilfe von Harriet offenkundig immer darum bemüht gewesen, seine Verbindung zum Judentum öffentlich auszublenden. Alle antisemitischen Vorurteile, die seit dem 19. Jahrhundert im Bereich der Musik verbreitet wurden, strafte der Geiger Kreisler Lügen: die Unfähigkeit zur melodischen Gestaltung, das kühl Berechnende, die ausschließlich auf brillante Wirkung zielende technische Virtuosität. Kritiker und Publikum jener Zeit waren sich darin einig, dass es Kreisler gelang, mit seinem Klang einen Inbegriff von Wärme, gesanglicher Melodik und Ausdrucksintensität zu erzeugen. Zudem wurde er als überaus noble Erscheinung wahrgenommen, war Weltkriegsteilnehmer und galt als fürsorglicher Mäzen, was allen mühsam konstruierten Zerrbildern von geldgierigen und hinterlistigen Juden widersprach.

Möglicherweise stand hinter Kreislers Auftreten im Geiste eines Anti-Virtuosentums[324] der Wunsch nach Anpassung an eine betont »deutsche« Musikauffassung. Fest steht jedenfalls, dass Judenfeinde wenig Handhabe gegen einen Künstler hatten, dem die herkömmliche ideologische Angriffsfläche völlig abging. Aus diesem Grund versuchte die NS-Kulturideologie wenigstens zu begründen, warum Kreisler die mit ihm verbundenen, positiv besetzten Eigenschaften nur vorgetäuscht haben könnte. Und dies geschah insbesondere im Zusammenhang mit den *Klassischen Manuskripten*, die als »skru-

321 N. N., »Fritz Kreisler de Meester«, in: *De Telegraaf*, 2.2.1935, S. 3.

322 Vgl. L.v.S., »Fritz Kreisler speelt«, in: *Algemeen Handelsblad*, 14.3.1935, S. 7.

323 Hierauf weist auch Biancolli hin, vgl. dies., *Fritz Kreisler* (Anm. 11), S. 13.

324 Daniel Jütte, »Juden als Virtuosen: Eine Studie zur Sozialgeschichte der Musik sowie zur Wirkmächtigkeit einer Denkfigur des 19. Jahrhunderts«, in: *Archiv für Musikwissenschaft* 66 (2009), S. 127–154.

pellos(e) Fälschungen« zu enttarnen versucht wurden.[325] Doch selbst das Bestreben, den Virtuosen als Komponisten zu verleumden, lief weitgehend ins Leere. Im berüchtigten *Lexikon der Juden in der Musik* von 1941, wo Kreisler als »Halbjude« angesprochen wird, ging es bezeichnenderweise nicht um den Geiger, sondern ausschließlich um den Autor der *Klassischen Manuskripte*, der bis 1935 die »Fiktion« seiner Herausgeberschaft behauptet habe, um diese dann als »Fälschung, nämlich als eigene Komposition« einzugestehen. Erwähnt werden zudem Kreislers angeblich »gewundene Erklärungen« und eine »Irreführung der Öffentlichkeit«.[326]

Tatsächlich wurde bis zuletzt aber ein gewisses Wohlwollen der NS-Regierung gegenüber Kreisler aufrechterhalten, der wiederum bis zu seiner endgültigen Emigration auch noch an seinem Berliner Wohnsitz festhielt. 1939 wurde unter anderem aus steuerlichen Gründen angeordnet, Kreisler als »Volljuden«, dann aber aufgrund »des persönlichen Verhaltens« (vermutlich erneut wegen seines Einsatzes im Weltkrieg) nur als »Halbjude(n)« zu führen.[327] Dass seine Werke weiterhin gedruckt und verkauft werden konnten, macht die Angelegenheit kaum einfacher erklärbar. Den vielleicht treffendsten Kommentar zur Affäre um die *Klassischen Manuskripte* hat der Komponist 1942 selbst abgegeben, wie Olin Downes berichtet: »Er sagte, wenn er vorsätzlich eine Fälschung beabsichtigt hätte, wäre er viel sorgfältiger und effektiver vorgegangen, sodass es weitaus schwieriger gewesen wäre, ihn zu entlarven.«[328]

Liebesleid

Dass Kreisler souverän über diejenigen spotten konnte, die nicht zwischen tatsächlicher Fälschung und einer kunstvoll erfundenen Vorlage zu unterscheiden imstande waren, sagt viel über seine

325 Annkatrin Dahm, *Der Topos der Juden. Studien zur Geschichte des Antisemitismus im deutschsprachigen Musikschrifttum*, Göttingen 2007, S. 331 f.

326 *Lexikon der Juden in der Musik. Mit einem Titelverzeichnis jüdischer Werke*, bearb. von Theo Stengel, Berlin 1941, Sp. 144.

327 Hierzu ausführlicher Dümling, »Fritz Kreisler und der NS-Staat« (Anm. 16), S. 16 f.

328 Olin Downes, »Talk with Kreisler«, in: *The New York Times*, 8.11.1942 (Section 8), S. 7.

Weltauffassung aus: Er erkannte stets verschiedenartigste Möglichkeiten der Kunstauffassung wie der Lebensgestaltung an. Daher beanspruchte er aber auch für sich selbst, nicht auf schablonenhafte Vorurteile festgelegt zu werden. Kreisler hat diese Auffassung der Wirklichkeit in einem Interview mit dem Begriff der »Relativität« zu erläutern versucht.[329] Was er damit treffen wollte, sei noch einmal der Wirkung seines Komponierens im NS-Staat entgegengestellt.

Ein Musterbeispiel für den über mehrere Jahrzehnte hinweg uneingeschränkt lebendigen Respekt gegenüber Kreisler *außerhalb* der nationalsozialistischen Einflusssphäre bietet der folgende Konzertbericht aus dem Jahr 1931:

> »Enthusiastisch wurde das Wiedersehen mit Fritz Kreisler, dem Wiener Geiger, den Amerika berühmt gemacht hat, gefeiert. Kreisler spielte in seinem Konzert klassische Musik (Händel, Bach, Mozart, Mendelssohn) mit der Wärme und dem schlichten Adel, die man an ihm kennt. Nicht nur große Gedanken, auch großes Geigenspiel kommt aus dem Herzen, und Kreisler hat eine besonders schöne Art, Musik ihre Seele zu geben, Klang in Empfindung, Melodie in reich abschattiertes, gesättigtes, schwingendes Gefühl zu verwandeln. Kreisler ist kein sentimentaler, sondern ein männlicher Geiger. Er besitzt Ruhe, Einfachheit, innerlichen Gehalt, faßt sich zusammen und beherrscht sich, ist zur Meisterschaft gereift.«[330]

Es bedurfte angesichts dieser öffentlich befestigten Meinung über Kreislers Geigenkunst schon einiger Anstrengung, um mit gegenteiligen Argumenten Feindseligkeiten schüren zu können. Dieser Aufgabe stellte sich 1941 Richard Maar. In seiner (nicht anders als infam zu bezeichnenden) Dissertation *Über den jüdischen Einfluß auf die Wiedergabe klassischer deutscher Violinmusik* nimmt Maar die von Wagner gelegten oder verstärkten Spuren antijüdischer Vorurteile im Bereich der Musik auf und versucht, diese auf Kreisler zu übertragen.[331] Kreisler, dessen Geigenstil allseits als Inbegriff von »Ernst«, »Tiefe« und »Innigkeit« gefeiert wird,[332] soll nun ausge-

329 Hope Stoddard, »Kreisler on Relativity in Music« (Anm. 187), S. 10

330 mg. [Max Graf], »Konzerte«, in: *Der Wiener Tag*, 15.1.1931, S. 7.

331 Richard Maar, *Über den jüdischen Einfluß auf die Wiedergabe klassischer deutscher Violinmusik*, Diss. masch., Universität Erlangen 1941.

332 N. N., »Tagesneuigkeiten« (Anm. 235), S. 13.

rechnet mit der angeblichen »Begabung und Neigung des Juden zum Glänzend-Virtuosen, zum Artistischen«[333] verunglimpft werden. Maar lässt dabei kein antisemitisches Klischee aus: Kreislers Karriere als Wunderkind sei nicht von ungefähr aus der »geschäftstüchtigen Organisation« von Tournee-Veranstaltungen hervorgegangen. Der Geiger beweise in seinem Spiel immer wieder einen »Mangel an Einfühlung in die Tiefe der Empfindung deutscher Musik«. Bestenfalls könne er »Witz und Anmut« sowie eine »glatte Technik« vorweisen, die aber nicht den »Mangel an Empfindung« und das fehlende Eindringen »in die tiefsten geistigen und seelischen Geheimnisse unserer klassischen Meisterwerke« vergessen lasse.[334] Dabei betont Maar verschiedentlich Kreislers »Fähigkeit zu geschickter Anpassung« und nennt als Beispiel die *Klassischen Manuskripte*.[335] Gerade hier zeige sich eine »Neigung zur Virtuosität«, das »gewandte leichte Hinweggleiten über die Tiefen deutscher Musik« bzw. der Versuch einer »möglichste(n) Anpassung an das Wirtsvolk« im Erfolgsstreben unter Inkaufnahme »grobe(r) Fälschungen«.[336]

Um »Fälschungen« handelt es sich nach allem Gesagten zwar gerade nicht, aber mit solchen Lappalien hält sich Maar nicht auf. Er nimmt nun vielmehr (mit einem Begriff des Geigers Gustav Havemann) einen vermeintlichen »jüdischen Klangsinn« bei Kreisler ins Visier, den er als »weichlich und sinnlich« zu diffamieren sucht.[337] Genauer untersucht Maar an *Liebesleid* die angebliche Neigung zu »Leidenschaftlichkeit« und »sinnlicher Tongebung«, zum »sentimentalen Zug« oder sogar zu »schwül Sentimentale(m)«:[338] Dabei entstehe nichts anderes als »Oberflächen- oder Pseudokunst«.[339] Zwar konnte Maar davon ausgehen, dass die argumentativen Schwächen seiner Polemik in Deutschland durch deren politische Absicht aufgewogen wurden. Doch intellektuell entlarvend er-

333 Maar, *Über den jüdischen Einfluß auf die Wiedergabe klassischer deutscher Violinmusik* (Anm. 331), S. 21.
334 Ebd., S. 23 f.
335 Ebd., S. 25.
336 Ebd., S. 26.
337 Ebd., S. 28 f.
338 Ebd., S. 51 und 53.
339 Ebd., S. 55.

scheint, was der Autor im Detail bemängelt. Zunächst erkennt er eine in wechselnder Reihenfolge zusammengewürfelte Melodiefolge, die das Form- und Konzeptlose des Stückes beweise.[340] Im F-Dur-Teil (»grazioso«) verkürze Kreisler im vierten Takt das letzte Achtel zur Sechzehntel, um in den folgenden Takten durch die Vorschläge das »schwüle Hineingleiten« in die extra betonten Terzen zum Ausdruck zu bringen, wodurch »unserem klassischen Standpunkt« und der »Alt-Wiener Tanzweise« eine »fremde Eigenart« aufgezwungen bzw. eine »befremdende Art« hineingelegt werde.[341]

Was die Kunst des Portato betrifft, die Maar als »schwüle(s) Hineingleiten« verunglimpft, so hat Kreisler tatsächlich eine facettenreiche Vielfalt ihrer Anwendungsmöglichkeiten entwickelt. Allein im ersten Teil der Kreisler'schen Interpretation von *Liebesleid* (bis zur Reprise) zählt Thomas Füri 15 Glissandi in einer Vielzahl von Formen und Dosierungen: vom Anfangsglissando (Abrutschen auf dem Ausgangsfinger) und Endglissando (Abrutschen auf dem Zielfinger) über Glissandi mit oder ohne Fingerwechsel, solchen mit oder ohne Wechsel des Bogens (bzw. der Saite) in den unterschiedlichsten dynamischen und Tempo-Zusammenhängen.[342] Kreisler nutzt Portati dabei, um seine zahllosen, nahezu unmerklichen Rubato-Dehnungen klanglich zu stärken, die ein rasch anziehendes Tempo wieder dem ursprünglichen Zeitmaß angleichen. Das angeblich »(F)remde« und »(B)efremdende« des »gewiegte(n) Walzerspieler(s)«[343] Kreisler entspricht damit aber jenem meisterhaft ausdifferenzierten Spiel mit den tradierten Rubatoformen des Wiener Tanzes, die Maar nur einer anstößigen Gebrauchsmusikpraxis zuordnet. Mit einer inzwischen touristisch genutzten, übermütig ironischen Heurigenseligkeit hat diese zwar auch zu tun. Aber dass »Alt-Wien« immer wieder eine Herausforderung an die Aktualität seiner Interpretationen und kein überzeitlich gültiges Denkmal ist, wusste Kreisler, und er lebte dieses Wissen mit schöpferischer Fan-

340 Vgl. ebd., S. 53–55.

341 Ebd., S. 51–53.

342 Vgl. Füri, »I Pezzi Brevi di Fritz Kreisler sono ancora attuali?« (Anm. 153), S. 28 f. (ob sich Füri auf eine bestimmte oder mehrere der zahlreichen *Liebesleid*-Einspielungen Kreislers bezieht, bleibt im Text offen).

343 Flesch, *Die Kunst des Violinspiels* (Anm. 140), S. 49.

tasie aus: um gerade hierin den beweglichen Kern von Traditionen offenzulegen, die nicht ohne den Blick auf die Gegenwart zu haben sind.

Das Beispiel des Machwerks von Richard Maar sticht zwar besonders hervor. Aber es verdeutlicht auch einen allgemeinen Verdacht, der bis heute in Kreislers Wirkungsgeschichte weiterlebt: Der unbeständige Leichtsinn und ein geschäftsmäßiges Aneignen des »Wienerischen« wurde Kreisler gewohnheitsmäßig unterstellt – und zugleich gegen dessen Weltläufigkeit ausgespielt. Misstraut wurde auch der unbekümmerten Verbindung von Hoch- und Alltagskultur, der Vermischung von »klassischer« und Popularmusik, angesichts derer man Kreisler entweder Nachlässigkeit oder Habgier nachsagte. Doch der beargwöhnte Wandlungsreichtum sollte nicht als Mangel gelesen werden. Er ist vielmehr der Schlüssel zu Kreislers Verständnis von offener Vielfalt – und zugleich das wesentliche Lebenselixier der musikalischen Moderne.

Ein Mann mit Eigenschaften?

Wien war der Ort, an dem Kreisler sich am besten auskannte, dessen Wurzeln er in der Öffentlichkeit als Komponist und Geiger präsentierte und zugleich biografisch verbarg – um seine Herkunft aus dem »Ghetto« des Zweiten Bezirks zu verschleiern. Vielleicht ahnte er gerade deswegen schon früh in den 1930er Jahren, dass die politische Lage in Österreich ihre bis dahin noch einigermaßen vorhandene Stabilität nicht beibehalten würde. Seine Frau hatte bereits 1933 den Erwerb der amerikanischen Staatsbürgerschaft angestrengt, Kreisler bemühte sich bald um die französische – wiewohl er noch bis 1938 zögerte, bevor er diese tatsächlich annahm.[344] Das Zögern begründete sich gewiss auch durch die Wertschätzung, die er durch das offizielle Österreich erfuhr. Sein 60. Geburtstag im Februar 1935 wurde international mit Konzerten, in Zeitungsartikeln und Rundfunksendungen gefeiert. Während Kreisler in Deutschland weitestgehend mit Schweigen übergangen wurde und er selbst in Berlin nur im engsten Freundeskreis feierte, bekam er neben ver-

344 Vgl. Lochner, *Fritz Kreisler* (Anm. 4), S. 229 f.

schiedenen Auszeichnungen aus Italien, Griechenland und Belgien in einem Festakt auch den Ehrenring der Stadt Wien verliehen:[345] einen Preis, der das »künstlerische und philanthropische Wirken« Kreislers als »Herzenssache Wiens« würdigte, um »dem großen Künstler und treuen Sohn Wiens« die Reverenz zu erweisen.[346]

Von der ungebrochenen internationalen Popularität Kreislers zeugt die erfolgreiche Südamerika-Tournee im Mai 1935, welche er gemeinsam mit Franz Rupp unternahm. Die Fahrt verlief von Friedrichshafen aus mit dem Luftschiff *Graf Zeppelin* über Basel und die Kapverdischen Inseln nach Brasilien und Uruguay. Eine große Amerika-Tournee mit 48 Konzerten folgte in der Spielzeit 1935/36. In der Saison 1938/39 feierte Kreisler seine letzten Auftritte in Europa. Auf der Schiffspassage nach Amerika im Herbst 1939 war er bereits französischer Staatsbürger.[347] Ein unabhängiger Staat Österreich existierte zu diesem Zeitpunkt nicht mehr, und der Zweite Weltkrieg hatte einige Wochen zuvor begonnen. Nach Europa ist der Geiger nie wieder zurückgekehrt.[348]

Kreisler wurde stets als der Prototyp eines urbanen, weltgewandten Künstlers wahrgenommen. Er befand sich beständig auf Reisen, um seinen Beruf auszuüben. »Mein Heim ist eben einfach dort«, so bekannte er einmal, »wo ich mich gerade zufällig befinde – entweder in einem Zug, in einem Hotel, einem Taxi oder in einem Konzertsaal.«[349] Wien, Berlin, Paris und New York waren für ihn gleichermaßen wichtige Mittelpunkte seines Lebens und seines Karriereweges – hinzu kam zeitweise noch London. Kreisler besaß im Laufe seines Lebens die österreichische, die französische und die amerikanische Staatsbürgerschaft. Wenn das wenig Greifbare an Kreislers Erscheinung mit seinem Judentum in Verbindung tritt, wird (möglicherweise unbewusst) bereits die Nähe zu einem weiteren, stark verbreiteten judenfeindlichen Topos merklich: der Vergleich mit der mythologischen Figur des Ahasver. Der Makel des

345 Vgl. ebd., S. 231.

346 N. N., »Ehrenring der Stadt Wien für Fritz Kreisler«, in: *Kleine Volks-Zeitung*, 7.2.1935, S. 3.

347 Vgl. Kreisler, *Trotz des Tosens der Kanone* (Anm. 59), S. 26.

348 Vgl. Lochner, *Fritz Kreisler* (Anm. 4), S. 237.

349 Fritz Kreisler, zit. nach ebd., S. 120.

Ahasver, der Christus auf dem Kreuzweg die Rast verweigert und daher zu ewiger Wanderschaft verdammt wird, ist durch keine Anpassungsbemühung zu beseitigen. Ahasver trägt eine fortdauernde geheimnisvolle Schuld mit sich, die nicht sühnbar ist. Auch hierin wurzelt verborgen der Vorwurf gegenüber dem angeblich Flüchtigen und Leichtgewichtigen der Kunst Kreislers.

Im Hintergrund vieler verborgener Klischees über Kreisler steht (wie erwähnt) auch heute noch ein kaum aufgearbeiteter Antisemitismus, der judenfeindliche Vorurteile des 19. Jahrhunderts bündelt, als hätte es nie eine kritische Bewusstseinsbildung gegeben. Ein Misstrauen gegenüber dem beunruhigend Vielseitigen und schillernd Ungreifbaren der Figur Kreisler scheint seit der NS-Zeit nachzuwirken. Schwierig ist es aber zugleich auch, Kreislers eigene Nähe und Ferne zum Judentum zu klären: Ob bereits der junge Kreisler Opfer antisemitischer Ausgrenzungen oder Anfeindungen wurde (die zweifellos in seiner Umgebung zum Alltag gehört haben müssen), ist kaum mehr nachzuweisen. Aber dass zum Beispiel die Ausbildung zum Geiger für Kreislers Familie eine »Art bürgerlich-städtische Währung« war, um das Misstrauen gegenüber jüdischen Zuwanderern zu zerstreuen und so »dazuzugehören«,[350] ist genauso wenig ungewöhnlich wie die Tatsache, dass Kreisler selbst seine Herkunft aus gutem Grund nie hervorgehoben hat. Denn die misstrauische Feindseligkeit bürgerlich-nationaler Kreise gegen jüdische Virtuosen, die »von einer Hauptstadt zu anderen ras(en), (...) auf Salondampfern den Ozean« queren, die »zeitungslesende Großstadtmenschheit aller Erdteile« mit »Telegrammen, Bildern, Kritiken, Anekdoten, Notizen« bearbeiten und zur »händlerischen Amerikanisierung unserer alten Musikwelt« beitragen,[351] war allgegenwärtig. In der Zeit um 1933 arbeitete sich die Kulturkritik mit dem judenfeindlichen Klischeevorwurf der Geldgier an Kreisler ab. Und zugleich wurde er (im Zusammenhang mit der Empfehlung an

350 Leon Botstein, »Sozialgeschichte und die Politik des Ästhetischen. Juden und Musik in Wien 1870–1938«, in: *Quasi una fantasia. Juden und die Musikstadt Wien*, hg. von dems. und Werner Hanak, Wien 2003, S. 43–63, hier S. 55.

351 Vgl. Hans Joachim Moser, *Geschichte der deutschen Musik*, Bd. 2,2, Berlin 1920, S. 490.

Toscanini, weiterhin in Bayreuth zu dirigieren) selbst des Antisemitismus bezichtigt.

Auch in Reaktion hierauf muss Kreisler als aktiver Gestalter seiner Autobiografie verstanden werden: Wenn sein Leben als Ansammlung von Fantasiegeschichten begriffen wird, weil nur wenige der von ihm ausgebreiteten Fakten zu stimmen scheinen, sollte das nicht dazu veranlassen, ihn des Betrugs zu bezichtigen, wie es beispielsweise 1935 geschehen ist. Ansonsten würden so bestürzende Äußerungen wie diejenige akzeptabel, die der jüdische Emigrant Theodor W. Adorno über den jüdischen Emigranten Kreisler 1939 in einem Brief an seine Eltern niederschrieb:

> »Er ist schon lange auf den Hund gekommen und hat jeden Maßstab verloren. Diese ganze Art des Musizierens gehört liquidiert und man fragt sich manchmal, ob die deutsche Barbarei, die zu dieser Liquidation beiträgt, nicht hier wie in vielem anderen gegen den eigenen Willen einen sehr gerechten Urteilsspruch vollstreckt.«[352]

Ein verfolgter Jude mahnt die Judenverfolgung zum Wohle der Musikkultur an. Was hier Züge eines passiv-aggressiven Wunsches nach Auslöschung der eigenen Wurzeln zu tragen scheint, hat allerdings einen strategischen Hintergrund: Adorno beschreibt in Kreisler eine Person, die gleichermaßen von der NS-Kulturpolitik wie von den Avantgardezirkeln der europäischen Emigration kritisch beargwöhnt wurde. Die Versuche, Kreisler als ebenso liederlich wie leichtfertig und zugleich als modernefeindlich zu verunglimpfen, vermischen sich dabei bis zur Unkenntlichkeit. Der gemeinsame Fluchtpunkt der Tiraden Adornos und des NS-Milieus scheint dabei die angebliche »Maßstab«-Losigkeit des Geigers Kreisler zu sein.

Zwar sind Kreislers Vorbehalte gegenüber der modernsten Musik genauso wenig nur auf Vorurteile oder auf Bequemlichkeit zurückzuführen, wie sein jüdischer Hintergrund ihn zu einem Hasardeur oder Fälscher macht. Denn Kreisler hat lebenslang für einen unbedingten Pluralismus geworben.[353] Doch dass er dabei von ei-

352 Brief von Theodor W. Adorno vom 25.7.1939, in: ders., *Briefe an die Eltern 1939–1951*, hg. von Christoph Gödde und Henri Lonitz, Frankfurt/M. 2003 (= *Briefe und Briefwechsel*, Bd. 5), S. 24.

353 Vgl. Kreisler, »Music and Life« (Anm. 64), S. 5.

ner Anpassungsbereitschaft getrieben wurde, die manchmal als Beliebigkeit ausgelegt werden konnte, hat ihm nicht nur finanzielle und gesellschaftliche Vorteile verschafft, sondern war auch mit bitteren Lehren verbunden. Adornos Äußerung zeugt vor diesem Hintergrund aber vor allem vom Nichtverstehen einer wesentlichen Handlungsweise des »Mannes ohne Eigenschaften« Kreisler. Hinsichtlich des Lebens wie der Musik fällt es schwer, Kreisler in den Dienst einer eindeutig benennbaren *Wahrheit* zu stellen. Näher liegt es vielmehr, seine Neigung zu einer menschenfreundlichen *Wirklichkeit* anzuerkennen. Kreisler ist nicht der Fälscher, sondern der Erfinder des eigenen Lebens.

Nach dem Zweiten Weltkrieg hat sich der über 70-jährige Kreisler übrigens gemeinsam mit seiner protestantischen Frau schließlich zum katholischen Glauben bekannt:[354] wie eine Zeitung berichtete, durch den Empfang der Heiligen Kommunion nach zweimonatiger Instruktion durch Monsignore Fulton J. Sheen, einem US-Bischof, der in jener Zeit zugleich eine einflussreiche Medienpersönlichkeit des amerikanischen Katholizismus war. Harriet versicherte bei dieser Gelegenheit, dass beide aus rein katholischen Elternhäusern stammten und nun in die römisch-katholische Glaubensgemeinschaft »zurückgekehrt« seien (von der für eine Konversion eigentlich notwendigen Taufe ist also nicht die Rede).[355] Kreisler hat zuvor einmal auch einen Hymnus, den Thomas von Aquin 1264 für die Laudes des Fronleichnamsfestes schrieb, in Musik gesetzt. Die letzten beiden Verse »O salutaris hostia« wurden in der katholischen Liturgie oft als Gesang zum eucharistischen Segen oder auch zur Austeilung der Kommunion gesungen. Diesen vielfach (etwa von Gioachino Rossini, Camille Saint-Saëns oder Charles Gounod) vertonten Gesang hat Kreisler allerdings nur skizziert und nie veröffentlicht.[356]

354 Vgl. Rathkolb, »Vom Reserveoffizier zum Chronisten« (Anm. 59), S. 20 f.

355 Vgl. N. N., »Sheen aids Kreisler to return to church«, in: *The New York Times*, 1.4.1947, S. 29.

356 Fritz Kreisler, »O Salutaris hostia« für Gesang und Klavier, eigenhändiges Manuskript, 3 Seiten Bleistift (Fritz Kreisler Collection [Anm. 15], Box 2, Folder 17).

6 Die Evidenz des Unwahrscheinlichen (1942–1962)

Erscheinung

> »Kreislers Bild auf dem Podium wie auch sein Auftritt waren königlich. Seine Konzerte strömten eine besondere Aura aus, und die Zuhörer fühlten sich oft wie privilegierte Gäste bei einer denkwürdigen königlichen Veranstaltung. Doch in dem Mann steckte nichts Aufgeblasenes oder Affektiertes. Er ging majestätisch hinaus, hielt seine Geige an der Schnecke auf Armeslänge, stimmte sich schnell und ohne Aufhebens ein und begann. Während des Spiels waren seine Haltung entspannt und seine Körpergesten natürlich«.[357]

So berichtet ein Zeitzeuge über ein Konzerterlebnis mit Kreisler. Auch in anderer Hinsicht ist Kreisler erwähntermaßen ein »König«. Um 1930 gilt er als der bestverdienende Musikkünstler seiner Zeit. Er ist ein »wahrhaft populäre(r) Musiker« und als »genialer Anreger« das »Symbol einer ganzen Epoche« .[358] Wenn es allerdings darum geht, das Faszinierende von Kreislers Erscheinung musikalisch zu fassen, die viel gerühmte Besonderheit seines Geigenklangs erklärbar zu machen, dann bekennen die meisten Beschreibungen, mit dieser Aufgabe überfordert zu sein oder flüchten sich in Allgemeinplätze. Von der »unanalysierbaren Kreisler-Alchemie«[359] ist dann die Rede, von einer »nicht nachahmbare(n), urpersönliche(n) ›Technik‹ der Tonerzeugung und Tonverwandlung, die genau zu beschreiben unmöglich ist«,[360] oder von seiner »unverkennbar(en), unvergleichlich(en) und unerreicht(en)«[361] Tonqualität.

Vielfach enden solche Beschreibungsversuche mit dem Eingeständnis, einen schwer greifbaren Gesamteindruck nur mehr in

357 Henry Roth, »The King of Violinists«, in: *The Strad* 98/1161 (1987), S. 23–29, hier S. 27.

358 Flesch, *Erinnerungen eines Geigers* (Anm. 3), S. 91.

359 Joseph Szigeti, »Memories of Fritz Kreisler«, in: *The Strad* 73 (1962), S. 201–205, hier S. 201.

360 Andreas Moser, *Geschichte des Violinspiels*, hg. von Hans-Joachim Nösselt, Bd. 2, Tutzing 1967, S. 292 f.

361 Flesch, *Erinnerungen eines Geigers* (Anm. 3), S. 88.

Gegensätzen erfassen zu können: so wenn Albert Spalding Kreislers »bezwingende Kraft« durch das »Gleichgewicht von Herz und Geist«[362] beschwört, Franz Rupp Kreislers Geige mit einer »menschlichen Stimme« vergleicht, die zugleich »Freude und Trauer« auszudrücken vermöge,[363] oder Henry Roth Kreislers Ton »betörend und doch männlich; duftend süß, aber niemals süßlich«[364] nennt. Bleibt das Beschriebene aber vage und ohne erklärende Aussage, ist dies ein untrügliches Indiz dafür, dass die Anfälligkeit für Klischeebildungen zunimmt. Allgemeinplätze wie derjenige, dass Kreislers »Zaubergeige« an ihrem »weichen, wunderbar-singenden Ton«, an ihren »süsslich-innigen Herztönen« zu erkennen sei und er auf diese Weise der »Wiener Seele und Musik ein Denkmal« setze,[365] haben sich spätestens nach dem Zweiten Weltkrieg verfestigt – als Kreisler selbst bereits ein lebendes »Denkmal« geworden und der Zeitgeist nicht mehr auf seiner Seite war.

Ein viel genauer vorgehender Erklärungsversuch aus jüngerer Zeit hat den Klang Kreislers an seinem leichten Bogenstrich und dem weit geführten Vibrato festgemacht: Beide brächten einen besonderen Reichtum an Teiltönen hervor und hätten daher die Wirkung eines außerordentlich beweglichen »variable(n) Stil(s)«.[366] Das ist gut beobachtet, und doch speist sich Kreislers lebendiger Ton aus deutlich mehr Quellen als nur dem Bogendruck und der Fingerbebung. Um dies genauer in den Blick zu nehmen, mag es sinnvoll sein, noch einmal beim Greifbarsten des Phänomens Kreisler: den Auftritten des Geigers und damit sozusagen dem *Performativen* seines Klangs einzusetzen. Die Erfahrungsberichte von Ohren- und Augenzeugen sind zahllos, und sie ähneln einander spätestens seit den 1920er Jahren in vieler Hinsicht. Der englische Schriftsteller Siegfried Sassoon beispielsweise hat das Bühnenerlebnis mit Kreisler in ein literarisches Gewand gekleidet, das die Erinnerungen

362 Albert Spalding, zit. nach Lochner, *Fritz Kreisler* (Anm. 4), S. 288.

363 Franz Rupp, zit. nach Rooney, »Instinctive partnership« (Anm. 186), S. 32.

364 Roth, »The King of Violinists« (Anm. 357), S. 27.

365 Robert Breuer, »Fritz Kreisler: Zum siebzigsten Geburtstag am 2. Februar«, in: *Austro American Tribune* [Freiheit für Österreich] 3/7 (1945), S. 9.

366 Vgl. Leech-Wilkinson, *The Changing Sound* (Anm. 103), Kap. 5, § 14 f.

eines eigentlich vor allem an Jagd und weniger an Musik interessierten Eigenbrötlers wiedergibt:

> »Als ich meine Melone unter meinen Sitz im großen Kreis in der Queen's Hall gelegt hatte, war ich in einem Zustand unsportlicher Aufregung über Kreisler. Der Name selbst deutete auf Eminenz hin, und ich wusste, dass er ein großer Geiger war, obwohl ich nicht wusste, dass er später der berühmteste der Welt werden würde. Ich war mir auch nicht bewusst, dass ich nicht in der Lage war, zwischen einem guten Geiger und einem zweitklassigen zu unterscheiden. Meine Fähigkeit zur Bewunderung war automatisch und unbegrenzt, und sein Foto auf dem Programm gab mir das Gefühl, dass er ein großartiger Mann sein musste. Ich wurde auch durch das Publikum beeinflusst, das seine Erwartungsintensität durch ein gedämpftes Gesprächsgewirr zeigte, das plötzlich ganz aufhörte und durch den Sturm des Klatschens, der das Erscheinen von Kreisler begrüßte, hinweggefegt wurde. Dass er ein hervorragender Violinist war, war selbst für mich offensichtlich, noch bevor er auch nur eine einzige Note der Händel-Sonate gespielt hatte, mit der das Konzert begann. Es lag etwas in dem ruhigen und selbstbewussten kleinen Schwung seiner Schultern, als er auf das Podium ging; etwas in der Art und Weise, wie er sich, die Fersen zusammengeschlagen, verbeugte; etwas in seiner aufrechten und würdevollen Haltung, während der Begleiter die Seiten der Noten auf dem Klavier glatt strich; dieses ›Etwas‹ beeindruckte mich sehr. Dann war er mit einem knappen und selbstbeherrschten Nicken bereit, und sein erhabener Blick war wieder auf das Publikum gerichtet. Während der ruhig beginnenden Takte der Begleitung hingen sowohl der Bogen als auch die Geige an seiner linken Hand, und die unvermeidliche Geste, mit der er das Instrument an sein Kinn hob, schien den Rhythmus meiner Erregung zu unterstützen, die ihren Höhepunkt erreichte, als ich die erste ruhige und beredte Phrase hörte. Die stets frische Lieblichkeit der Sonate entfaltete sich, und Kreisler interpretierte sie mit Zärtlichkeit und Majestät. Für ihn war das Konzert nur eines in Abfolge von Auftritten, die ihn auf seiner triumphalen Karriere mitnahmen. Aber damals wusste ich, wie ich es noch nie zuvor gewusst hatte, dass solche Musik befriedigender war als das Jagdhorn. Auf der Heimfahrt im Zug waren meine Gedanken zu gleichen Teilen zwischen dem Kreisler-Konzert und meinen neuen Jagdsachen aufgeteilt. Wahrscheinlich haben sich meine neuen Stiefel dabei noch am besten geschlagen.«[367]

367 Siegfried Sassoon, *The Memoirs of George Sherton. Memoirs of a fox-hunting man*, Garden City 1928, S. 132.

Die eigentümlich festliche Stimmung im Saal sowie das »selbstbeherrschte«, »würdevolle« Auftreten und der »beredte« Ton Kreislers finden sich immer wieder beschrieben: »Wenn er aufs Podium trat«, berichtet Josef Gingold,

> »forderte seine majestätische Haltung Aufmerksamkeit, noch bevor er eine einzige Note spielte. Wenn er aber erst einmal seine Geige unter das Kinn legte, war er völlig verwandelt. Eine gewisse Bescheidenheit und Demut zeigten sich, wie wenn er sagen würde: ›Ich würde gern für Sie spielen‹. Es kam mir vor, als ob Kreisler für jeden Zuhörer im Publikum persönlich spielte, eine solche Ausstrahlung hatte er.«[368]

Er habe immer versucht, so bemerkte einmal Henry Roth, »seine Zuhörer zu bezaubern, und jede Facette seines Spiels war auf dieses Ziel ausgerichtet.«[369] Befragt nach ihren Eindrücken von einem Kreisler-Konzert, antwortete Margaret Primrose, die in musikalischen Angelegenheiten nicht sonderlich geschulte Mutter des englischen Bratschisten William Primrose: »Mir gefiel, wie er aussah! Die Art, wie er hinausging, wie er seine Geige hielt, wie er stand! Ich wusste sofort, dass ich ein wunderschönes Spiel hören würde. Und ich hatte Recht – es war wunderschön!«[370]

Die bewegende Wirkung Kreislers auf sein Publikum und (umgekehrt) dessen berauschter Applaus erscheinen zunächst erstaunlich, wenn man bedenkt, dass die Fingertechnik und die Intonation Kreislers nicht immer als makellos empfunden wurden.[371] Auch konnte der Geiger in den ersten Minuten eines Konzertes »oft rau und unordentlich« klingen und »erst wenn er sich gründlich aufgewärmt und an seine Umgebung gewöhnt hatte«, die gewohnte Spielweise erreichen.[372] Mit Abgelenktheit oder gar Schlamperei dürfte dies aber kaum zu tun haben, denn Kreisler überließ auf der Bühne nichts dem Zufall. Eine Phase »besänftigende(r) Ruhe« zu Beginn eines Konzerts sei sowohl für das Publikum wie den Be-

368 Josef Gingold, zit. nach Eggebrecht, *Große Geiger* (Anm. 1), S. 142.

369 Roth, »The King of Violinists« (Anm. 353), S. 28.

370 Margaret Primrose, zit. nach Samuel und Sada Applebaum, *The way they play*, Bd. 1, Neptune City, NJ 1972, S. 102.

371 Vgl. beispielsweise die Kritik von Olin Downes, »Fritz Kreisler's Concert«, in: *The New York Times*, 10.10.1928, S. 32.

372 Roth, »The King of Violinists« (Anm. 353), S. 27.

gleiter wichtig gewesen, betonte einer seiner Klavierbegleiter; Kreisler habe in dieser Hinsicht immer wieder seine »kolossale Reserve an Nervenstärke« bewiesen.[373] Kurz vor Beginn eines Solokonzerts »stimmt(e) Kreisler sein Instrument ein klein wenig höher als das Klavier, damit das Flageolett und der Ton der leeren Saiten nicht abs(a)nken«. Ein Nachgeben der Tonhöhe war bei Darmsaiten üblich, sobald das Instrument wärmer wurde. Deswegen trug Kreisler die Geige auch nur unterhalb der Schnecke und griff nicht die Saiten an. Auch spielte er nie mit einem Schulterpolster,[374] um so den direkten Kontakt mit dem Klangkörper zu gewährleisten. Für Kreisler waren seine Instrumente Lebenspartner, mit denen er mitunter einen durchaus herausfordernden Umgang pflegte: »Ebenso wie sich Kreisler dagegen sträubte, ein Sklave seiner Kunst zu sein, wollte er sich auch von seinen teuern Instrumenten nicht versklaven lassen.«[375] Zu seinen Lieblingsgeigen: der 1904 in seinen Besitz gelangten »Hart-Guarneri«, der 1914 erworbenen Stradivari (heute bekannt als »Huberman-Kreisler«) oder der 1926 gekauften »Guarneri del Gesù« hat er so lebendige Anekdoten erfunden, dass man meinen könnte, er begreife sie als Wesen aus Fleisch und Blut. Die halbe »Thir«-Geige, auf der er als Kind seine ersten Erfolge errang, bewahrte er bis an sein Lebensende auf.

Alles in allem müssen solche Verhaltensweisen aus Disziplin und Sanftmut, Einfachheit, Großzügigkeit und Menschlichkeit von Kreisler auch in den Konzertsaal transportiert worden sein.[376] Sie schlugen sich offenbar in seinem »unverwechselbaren Ton, (der) Souveränität seiner Phrasierungskunst und seine(m) musikalischen Ernst« nieder: als das »Sprechende, gleichsam stets Verständliche« seines instrumentalen Spiels,[377] das stets mit »Leben und Sinn« erfüllt zu sein schien.[378] Steht dahinter das viel beschworene Geheimnis von Kreislers musikalischer Einzigartigkeit?

373 Michael Raucheisen, zit. nach Lochner, *Fritz Kreisler* (Anm. 4), S. 261 bzw. S. 279.
374 Michael Raucheisen, nach ebd., S. 261 bzw. S. 281.
375 Michael Raucheisen, nach ebd., S. 278.
376 Vgl. Applebaum, *The way they play* (Anm. 370), S. 100.
377 Eggebrecht, *Große Geiger* (Anm. 1), S. 141.
378 Ebd., S. 141 f.

Brahms

Das folgende Beispiel mag sich einer Antwort nähern: Kreisler war in seiner Jugend angeblich gelegentlicher Teilnehmer des berühmten Künstler-Stammtisches im Café Griensteidl, wo neben Hugo Wolf, Arthur Schnitzler oder Hugo von Hofmannsthal auch Johannes Brahms verkehrte (bis das Haus in dessen Todesjahr 1897 schloss).[379] Eng war Kreisler auch mit dem Wiener *Tonkünstlerverein* verbunden und spielte wohl öfters in Anwesenheit von Brahms, wenn diesem neue Stücke zur Kommentierung und Verbesserung vorgelegt wurden. Kreisler verband seine Brahms-Erinnerung als Interpret allerdings nicht mit der unbedingten Verpflichtung zur historischen Aufführungstreue, sondern suchte vielmehr für seine unschätzbaren Erfahrungen immer eine aktuelle Bindung an die Hörgewohnheiten seines jeweiligen Publikums. Dies lässt sich auch an seiner Interpretation des Violinkonzerts von Brahms nachverfolgen.

Brahms' Violinkonzert in D-Dur von 1879 gilt heute als eines der am meisten gespielten Werke der Gattung. Der Komponist hatte im Verlaufe der Entstehung den Geigenpart ausführlich mit seinem Freund Joseph Joachim erörtert. Technische Schwierigkeiten bietet das Konzert zuhauf. Doch außergewöhnlich an ihm erscheint, dass nicht die Entfaltung der Fingerfertigkeit des Solisten im Mittelpunkt steht, sondern das Orchester sozusagen von einer solistisch in Erscheinung tretenden Violine begleitet bzw. in einen nahezu gleichberechtigten Dialog geführt wird. Dies bedeutet, dass die Geige nicht nur technische Virtuosität (etwa im Hinblick auf ein vertracktes Figurenwerk) unter Beweis stellt, sondern vor allem am sinfonischen Entwicklungsgang von Themen und Motiven teilhat. Allein der Kopfsatz ist von sinfonisch ausladender Gestalt und entfaltet sich zunächst mit einer ausführlichen orchestralen Vorstellung mehrerer Themen, bevor die Geige in den Entwicklungsgang eingreift.

Kreisler hat dieses Konzert oft und mit verschiedenen Orchestern und Klavierbegleitern gespielt. Seine sinfonische Auffassung

379 Vgl. Lochner, *Fritz Kreisler* (Anm. 4), S. 51.

des Werkes dürfte der von Brahms nahegekommen sein, da er sich als Solist stets als »gleichberechtigte(r) Partner« seiner Begleiter verstand, wie Michael Raucheisen berichtet. Kreisler forderte beispielsweise seinen Pianisten Hubert Giesen einmal dazu auf, ihn mit seinem Spiel zu »inspirieren« – dann wolle auch *er* ihn »begleiten«.[380] Offenbar war Kreisler selbst auch ein ausgezeichneter Liedbegleiter und Klavierkünstler,[381] der sich gewohnheitsmäßig darum bemühte, immer die Gesamtstruktur einer Komposition und nicht nur den Solopart zu erfassen und zu vergegenwärtigen.

Entsprechend war Kreisler als Solist mit Orchester stets mehr am Konzertmeister interessiert als am Dirigenten und pflegte mit jenem während der Aufführung einen lebhaften Austausch.[382] Nicht zuletzt hierdurch wirkte sein Spiel »nie angestrengt« – technische Fehler wurden als nebensächlich aufgenommen, weil sie kaum die Entfaltung der Gesamtanlage des Stückes berührten: den musikalischen Aufbau weitläufig entwickelter Phrasierungsbögen, das Verständlichmachen eines als unmittelbar sprechend empfundenen Klangs. Kreisler hat einmal erklärt, dass er etwa beim Spielen der Violinsonaten Beethovens keine »Lokaleffekte« suche, sondern ihre großformatige Anlage in den Blick nehme – um dabei in einen Dialog mit dem Pianisten einzutreten statt eine Solo-Aufführung zu entfalten.[383]

Die Aufnahme des Brahms-Konzerts mit Sir John Barbirolli und dem London Philharmonic Orchestra von 1936 erscheint in mancher Hinsicht einzigartig, selbst wenn diejenige mit Leo Blech und dem Berliner Staatsopernorchester von 1926 technisch zumeist als die ausgereiftere gewertet wird: Sie ist tatsächlich als eine Art Sinfonie mit obligater Violine umgesetzt, wie sie Brahms beim Komponieren des Werkes als Grundidee vorgeschwebt haben könnte. Kreislers Spiel erscheint durchsichtig und dialogisch offen. Es übertönt nie die Holzbläser, antwortet aktiv auf Fragen des Orchesters, übertrumpft in keinem Moment sein Gegenüber und agiert trotz

380 Vgl. die einschlägigen Berichte in: ebd., S. 260–262.

381 Vgl. N. N., »Mail Pouch: Memories of Kreisler as Pianist«, in: *The New York Times* (Section 2), 25.2.1962, S. 9.

382 Vgl. Lochner, *Fritz Kreisler* (Anm. 4), S. 267.

383 Vgl. Eggebrecht, *Große Geiger* (Anm. 1), S. 148.

mancher Rubati rhythmisch verlässlich.[384] Beispielhaft kann etwa am Einsatz des Seitenthemas im 1. Satz beobachtet werden, wie sich Kreisler als Solist wesentlich zurücknimmt, nachgerade in ein Gespräch mit den Instrumenten des Orchesters eintritt und diese auf allen Entwicklungsgängen des Tonsatzes partnerschaftlich geleitet. Der Übergang zum Themeneinsatz der Geige ist dabei fließend und ebenso homogen mit dem Orchesterklang verschmolzen wie jener Moment, in dem das Orchester die Melodielinie aufnimmt und die Solovioline (vermutlich übrigens Kreislers letztes Lieblingsinstrument, die »Guarneri-Kreisler«[385]) mit der Ausführung von Spielfiguren in den Hintergrund tritt.

Auch Kreislers Vibrato spielt in diesem Zusammenhang eine wesentliche Rolle: Sein eindringlicher Vibrato-Gebrauch als Folge eines »inneren Bedürfnisses nach gesteigerter Intensität«[386] hat sich anscheinend nie mit einem angespannten Handgelenks- oder Armflattern gezeigt. Vielmehr wurde das Vibrato von einem Punkt innerhalb des Armes erzeugt, dessen Wirkung sich gleichsam oszillierend bis in die Fingerspitze fortsetzte. Das klangliche Ergebnis nennt Henry Roth »Reflex«-Vibrato und vergleicht es mit einem elektrischen Stromstoß, der jede Note, die Kreisler spielte, im gewählten Grad beleben konnte und dabei eine Stetigkeit erzeugte, die nachdrücklich, dabei aber nie angestrengt wirkte. Wie facettenreich dies klingen kann, zeigt sich im Seitenthema des Brahms-Kopfsatzes (T. 206 ff.), wo Kreisler ein vergleichsweise rasches Tempo nimmt, zugleich aber jede Note betont artikuliert. Dadurch entsteht ein tatkräftiger Nachdruck, der das Thema jedoch nicht aus seiner gleichmäßig pulsierenden Balance bringt.[387] Wie bereits beschrieben: Die Übernahme der Melodie durch das Orchester im Seitenthema, bei der die Geige mit absteigenden Begleitfiguren in den Hintergrund tritt, gestaltet sich bruchlos. Kreisler gleicht hierbei eine kurze Beschleunigung von Tenuto-Klängen hin zu einem Flageolett durch das abbremsende Gewicht der je einzeln betonten Folgetöne der

384 Vgl. ebd., S. 151.

385 Dies vermutet Tully Potter, »Kreisler's Violins«, in: *Tarisio* 2017, unter: https://tarisio.com/cozio-archive/cozio-carteggio/kreislers-violins/ [zuletzt: 4.4.2022].

386 Flesch, *Erinnerungen eines Geigers* (Anm. 3), S. 86 f.

387 Vgl. Roth, »The King of Violinists« (Anm. 357), S. 27 f.

G-Saite aus (T. 212 ff.). Dem Drängen folgt ein Aufschub von Zeit: So wird das Tempo zunächst beschleunigt, um dann wieder zurückgehalten zu werden und sich dem Vorgang des Ausblendens der Solostimme bei gleichzeitigem Einblenden des Orchesterklangs anzupassen. Entsprechend variabel setzt Kreisler Geschwindigkeit und Weite des Vibrato ein: im *Ritardando* zunächst enger und langsamer, mit der Beschleunigung dann weiter und schneller vibrierend.

Dass Kreisler wegen seines verhältnismäßig kurzen rechten Arms fast nie die äußerste Bogenspitze verwendet, hat offenbar eine genauere Artikulation und in der Folge einen deutlichen rhythmischen Gestaltungswillen begünstigt. Kreisler nutzt dabei alle Möglichkeiten der Bogentechnik zwischen *spiccato, sautillé, staccato, volante* und *ricochet* in sehr bewusst eingesetzten Abstufungen.[388] Er bevorzugt eine besonders straffe Spannung des Bogens, wodurch sein Ton ohne die Nebengeräusche etwa des Bogenholzes nur mit den Bogenhaaren entsteht.[389] Im erwähnten Seitenthema des Brahms-Konzertes beispielsweise vermeidet eine genau dosierte Strichlänge mit leicht akzentuiertem und durch gleichmäßiges Vibrato reguliertem Druck, dass eine *mezza voce*-Wirkung oder gar ein toter Punkt entsteht.[390] Einzig im Übergang zum Orchestereinsatz desselben Themas setzt Kreisler einen weiteren und rascheren Bogenstrich ein, was wiederum genau mit dem beschriebenen Rubato- und Vibrato-Einsatz dieser Stelle abgestimmt ist.

Kreisler war bekanntlich nicht der Erste, der im späten 19. Jahrhundert das Vibrato nutzte, um seiner Musik Fülle, Intensität oder Sinnlichkeit zu verleihen. Der verstärkte Einsatz des Vibratos (von besonders ausdrucksstarken oder melodiebetonten Passagen hin zu einer mehr oder minder durchgängigen Nutzung) ist als breiterer Trend unter Geigensolisten vielfach belegt und ließ auch angebliche Vibrato-Gegner wie Joseph Joachim nicht gänzlich unberührt.[391]

388 Vgl. Füri, »I Pezzi Brevi di Fritz Kreisler sono ancora attuali?« (Anm. 153), S. 26.

389 Vgl. Lochner, *Fritz Kreisler* (Anm. 4), S. 261 bzw. S. 281.

390 Vgl. Flesch, *Erinnerungen eines Geigers* (Anm. 3), S. 88.

391 Vgl. Robert Philip, *Early Recordings and Musical Style: Changing Tastes in Instrumental Performance, 1900–1950*, Cambridge 1992, und Katz, *Capturing Sound* (Anm. 181), S. 85–98.

Dies bedeutete nämlich keineswegs, dass solches Vibrato immer gleich klingen musste. In der vielfältigen Palette von Vibrati (zwischen lyrischen Kantilenen und raschen Technikpassagen) ging es vor allem darum, mit der Geschwindigkeit der Finger-, Hand- und Armbewegung die Klangfärbung im angemessenen Verhältnis zum Bogendruck, aber auch zur Struktur von Phrasierung und Tempo zu gestalten.

Weder Brahms (etwa in seinen Briefen) noch Joachim haben den Vibrato-Gebrauch gesamthaft geächtet, sofern er überlegt eingesetzt war. Brahms mochte kein pauschal angewendetes Vibrato, das dem Charakter der Musik nicht genügte.[392] Und Kreisler entsprach einer solchen Überzeugung mit einer Vielfalt von Ausführungsweisen, die sich der jeweiligen Phrasengliederung und Artikulation anpassten. Dem Musikkritiker Harold C. Schonberg ist in diesem Zusammenhang insbesondere ein »Wunder« aus der Interpretation des Brahms-Konzerts durch Kreisler in Erinnerung geblieben. Der Kadenz des 1. Satzes, die die vorangegangenen Themen auf folgerichtige Weise verdichtet und zusammenfasst, folgen vier Takte des Übergangs der Sologeige bis zum Einsatz des Orchesters. Schonberg hat ein Live-Erlebnis mit Kreisler beschrieben, bei dem der Triller vor dem Orchestereinsatz sich so entwickelte, dass er allmählich den ganzen Saal erfüllte. Der Triller schien schließlich nicht mehr von der Bühne zu kommen, und das Publikum habe sich unwillkürlich umgeblickt, um die Quelle des Geschehens zu lokalisieren – als würde kein Geiger auf der Bühne stehen, sondern als ertöne von oben herab eine Art »entkörperlichter Klang«.[393]

Das eigentliche »Wunder« aber, so wäre beim Hören der Aufnahme von 1936 hinzuzufügen, folgt erst danach: Die Sologeige spielt nun nämlich das anfangs vom Orchester intonierte Thema in Diskantlage mit vergleichsweise gering dosiertem Vibrato und ge-

392 Vgl. Styra Avins, »Performing Brahms's music: clues from his letters«, in: Michael Musgrave, *Performing Brahms: Early Evidence of Performance Style*, Bd. 1, Cambridge 2003, S. 11–47, hier S. 28 ff.

393 Harold C. Schonberg, »The Only One« (Anm. 2), S. 9, bzw. Harold C. Schonberg, »Both Great, But Greatly Different«, in: *The New York Times* (Section 2), 8.2.1976, S. 23.

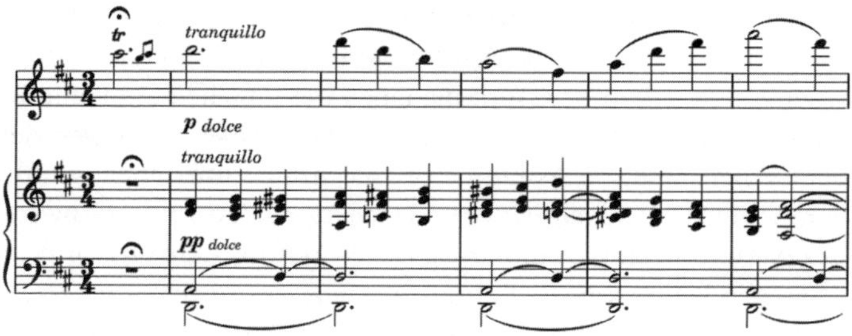

Abb. 13 Johannes Brahms, *Violinkonzert* D-Dur op. 77, 1. Satz, T. 378–383

stochen scharfer Intonation nach (verstärkt hier übrigens in seiner Helle und Klarheit durch das elektrische Aufnahmeverfahren),[394] so als schwebe es gewichtslos über dem Orchestergrund – ein verblüffender und kaum je wieder erreichter Effekt der Interpretationsgeschichte dieses Konzerts. Die Nachwirkung des »Entkörperlichten« ist das Ergebnis von Kreislers performativem Zurücktreten von der Rolle des herausragenden Solisten, welche eine glänzende Kadenz gewöhnlicherweise ermöglicht. Denn durch die Verdichtung des Übergangs zwischen spannungsvoller Trillerbewegung und weit atmendem Thema wird der gesamte Konzertsatz gedanklich zusammengehalten – nicht zuletzt durch den fein abgestuften Einsatz des Vibratos. Erst mit dem Verzicht auf jenen auftrumpfenden Gestus, den die Reprise nach einer Kadenz mit sich bringt, erst durch deren nachgerade körperlose Gestaltung als staunenswertem Anti-Höhepunkt, wächst dem Geigenpart sein Gleichgewicht im sinfonischen Gefüge zu.

Radio

Kreisler spielte auch nach dem europäischen Kriegsbeginn weiter in der Öffentlichkeit in den USA und verstärkte erneut seinen Einsatz für wohltätige Zwecke, etwa bei einem Konzert in Anwesenheit des amerikanischen Präsidenten. Gelegentlich komponierte er auch – so etwa 1941 die *Viennese Rhapsodie Fantasietta,* ein Stück,

394 Vgl. Leech-Wilkinson, *The Changing Sound* (Anm. 103), Kap. 5, § 17.

das als Klage über das jüngere Schicksal seiner Geburtsstadt entstanden sein soll.[395] Ende April desselben Jahres erlebte Kreisler jenen Autounfall in New York, der einen wesentlichen Einschnitt in seinem Leben bedeutete. Kreisler hatte beim Überqueren der viel befahrenen Madison Avenue eine rote Ampel übersehen, wurde von einem Lieferwagen erfasst und niedergestoßen. Er trug schwere Kopfverletzungen davon und lag einige Zeit im Koma. Nach dem Erwachen kehrte sein Gedächtnis nur langsam zurück. Lange Zeit hörte er Musik lediglich im Radio und besuchte Konzerte. Erst ein Jahr später wagte er sich selbst wieder ans Musizieren. Es folgten bald Konzertauftritte, im Herbst 1942 sogar an seinem vielleicht wichtigsten Wirkungsort der Stadt: der Carnegie Hall. Dieses erste Konzert nach seiner Genesung muss technisch einwandfrei gespielt und beim Publikum ausgesprochen erfolgreich gewesen sein.[396]

Doch die traumwandlerische Sicherheit von zuvor gewann Kreisler nicht mehr zurück. Die Folgen des Autounfalls hatten nicht nur Kreislers Gedächtnis, sondern auch sein Gehör und die Sehkraft in Mitleidenschaft gezogen. Vielleicht trugen diese Umstände dazu bei, dass Kreisler in anderer Hinsicht neue Wege beschritt: 1943 deutete Kreislers persönlicher Manager Charles E. Foley an, dass der Geiger nun endlich bereit sei, auch im Rundfunk zu spielen. Ähnlich wie sein Freund Sergej Rachmaninow gehörte Kreisler zu den ganz wenigen zeitgenössischen Musikern, die sich bis dahin trotz zahlreicher Überredungsversuche beharrlich geweigert hatten, im Radio zu spielen.[397] Bereits Ende der 1920er Jahre war darüber spekuliert worden, warum Kreisler sich dem neuen Medium verschließe. Ein Grund schien zu sein, dass die Abwesenheit im Radio ein Konzerterlebnis in körperlicher Anwesenheit des Geigers für das Publikum umso attraktiver machte. Ein Journalist der *New York Times* rechnete so beispielsweise vor, dass 1925 in Berlin Kreislers Konzerte die einzigen gewesen seien, die im Voraus ausverkauft waren. Und er führte als Grund dafür ein mittlerweile beson-

395 Vgl. Lochner, *Fritz Kreisler* (Anm. 4), S. 249.

396 Vgl. Noel Straus, »Fritz Kreisler Receives Ovation At First Recital Since Accident«, in: *The New York Times*, 1.11.1942, S. 54.

397 Vgl. Jack Gould, »One thing and another«, in: *The New York Times* (Section 2), 18.4.1943, S. 9.

ders anziehendes Hörangebot im Radio an – von dem sich Kreisler eben im Gegensatz zu anderen Künstlern fernhielt.[398]

Kreisler selbst missfiel insbesondere der Gedanke, dass er »wie elektrisches Licht oder warmes Wasser an- und abgedreht« werden könne. Er fühlte sich dabei weniger in seiner Eitelkeit getroffen, als dass er musikalische Gründe gegen den Rundfunk anführte: »E(r) vermittelt keinen absolut reinen Klang und fördert überdies die Bequemlichkeit allzusehr. Ein Konzertbesuch hat manche Anstrengung zur Voraussetzung.« Kreisler gab zu bedenken, dass er als Künstler »ein sichtbares, faßbares Publikum« brauche – das Spiel in einem unbelebten Studio verschaffe ihm keine angemessene Anregung, selbst wenn ihn von dort aus Millionen hören könnten. Und mit einer anonymen Masse sei keine langwährende Freundschaft möglich – man werde einander bald überdrüssig.[399]

»Der echte Künstler«, so Kreisler, müsse

> »die Stimmung der Menge beherrschen, wird seine eigene Kraft doch durch die teilhabenden Kräfte der Zuhörer verstärkt, die Mitschöpfer musikalischer Wirkungen sind. Das Publikum bringt die Empfänglichkeit mit, sorgt für den Widerhall. Im Augenblick, in dem ich vor das Publikum trete, vermag ich meine Erfolgchancen an gewissen Imponderabilien abzuschätzen. Die Atmosphäre ist spannungsgeladen oder flau; die erwartungsvolle Aufnahmebereitschaft meiner Hörer ist vorhanden oder sie fehlt. Wie aufgeschlossen – wie zugeknöpft sind sie? Ich weiß es sofort. Für den Anfang brauche ich freilich bloß da und dort eine ›Empfangsstation‹. Der Geist einiger eifriger Lauscher greift leicht auf die ganze, beeinflußbare Masse über. Man darf mit einer Art von Ansteckung rechnen. (...) Und diese suggestive Ekstase ist persönlich und unmittelbar. Sie liegt in der Luft – kann indessen nicht durch die Luft vermittelt werden.«

Deshalb sei es im Rundfunk auch nicht möglich, den »gegenseitigen Gefühlsaustausch« zu ermöglichen oder eine gemeinschaftliche »Kraft« zu stiften.[400]

398 Vgl. N.N., »Old guard passes as radio attracts more concert stars«, in: *The New York Times* (Section 9), 19.2.1928, S. 18.

399 Vgl. Fritz Kreisler, zit. nach Lochner, *Fritz Kreisler* (Anm. 4), S. 226, vgl. hierzu auch N.N., »Angling for famous stars«, in: *The New York Times* (Section 8), 24.7.1927, S. 14.

400 Fritz Kreisler, zit. nach Lochner, *Fritz Kreisler* (Anm. 4), S. 248 f.

Doch Harriet Kreisler unterstützte ihren Mann offenbar nachdrücklich darin, seine Bedenken gegenüber dem Medium Rundfunk zu überwinden. Im Sommer 1944 war es so weit: Kreisler spielte ein volles Konzertprogramm, erschien im schwarzen Anzug (»black full-dress suit«) im Studio des NBC Building vor einigen hundert Menschen, deren Applaus die Wirkung desjenigen in der Carnegie Hall wettgemacht haben muss. Am Ende stieg er gemeinsam mit dem Orchester in die Darbietung des »Star-Spangled Banner« ein.[401] Unbestreitbare praktische Vorteile an der weltweiten Verbreitung seiner Musik über das Radio musste auch der Geiger anerkennen: 1949 hörte ihn beispielsweise Albert Schweitzer, den er noch aus dessen Straßburger Zeit kannte, in Lambaréné (im heutigen Gabun) und übermittelte offenbar gerührt seine Höreindrücke.[402]

Zunächst mag es scheinen, als habe Kreisler grundsätzlich die körperliche Gegenwart eines Aufführungserlebnisses gegen die technische Reproduzierbarkeit durch Massenmedien verteidigt. Er hat aber bereits um 1900 als einer der Ersten die Vorzüge von Tonträgern erkannt und genutzt. Erst sie machten ihn zur internationalen Berühmtheit. Man muss daher davon ausgehen, dass Kreisler, der nicht nur unermüdlich Platten aufnahm, sondern genauso ausdauernd auf Konzerttouren ging, lebenslang daran gearbeitet hat, so etwas wie eine körperliche »Ansteckung« des Publikums auch über den Weg von Tonaufnahmen zu ermöglichen. Dies aber konnte besonders gut auf der Grundlage einer früheren Live-Erfahrung geschehen, die viele seiner Schallplatten-Hörer im Hinterkopf gehabt haben müssen. Hinzu kam noch etwas, was Gabriele Brandstetter als eine »Theatralisation« durch die neuen Medien bezeichnet hat: Zum einen fütterte Kreisler die Presse mit einer wandlungsreichen Fülle von Anekdoten über sein Wirken als Geiger, die das Hören von Aufnahmen lebensnah und glaubwürdig flankierten (wie etwa jene über Albert Schweitzer). Zum anderen erkannte er aber auch, dass gerade durch den *Entzug* des körperlich anwesenden Virtuosen

401 Vgl. N. N., »Kreisler in Debut on Radio at last«, in: *The New York Times*, 18.7.1944, S. 17.

402 Vgl. Lochner, *Fritz Kreisler* (Anm. 4), S. 255.

auf der Schallplatte eine neuartige, atemberaubende »Evidenz des Unwahrscheinlichen« entstehen konnte.[403]

Ein Geigenklang, der aus einem Grammophon tönte und es dabei schaffte, ganz lebendig und plastisch zu wirken, vermochte auf besondere Weise zu faszinieren. Denn das Manko des vermeintlich anonymen Klangs erzeugte gerade hierdurch einen sinnlich spürbaren Theatereffekt. Diesen Effekt sah Kreisler durch die Möglichkeiten der Schallplatte stärker als durch die des Rundfunks verwirklichbar. Vom Radiohörer konnten seine Aufführungen ja einfach an- und abgeschaltet werden. Eine Person jedoch, die eine Platte hörte, vollzog dabei selbst einen performativen Akt: indem sie den Tonträger aussuchte, in die Hände nahm, auf den Abspielteller legte und das Gerät einschaltete um zuzuhören. Die von Kreisler erhoffte »Empfänglichkeit« für seinen so bewusst körperhaft gestalteten Geigenklang besaß in der Grammophonkultur (mit ihren in Schellack greifbar eingeschriebenen Schallwellen) einen wichtigen Verbündeten.

Aus Berlin erreichte Kreisler gegen Ende des Krieges die Nachricht, dass sein Haus im Grunewald durch Bomben gänzlich zerstört worden und die gesamte Einrichtung verloren gegangen sei. Einen gedanklichen Kontakt zur alten Heimat pflegte er gleichwohl weiter: Auch nach dem Krieg hielt Kreisler beispielsweise seine Spendenbereitschaft insbesondere für mittellose Kinder in Europa aufrecht. Zwar waren die eigenen Bücher eine Herzensangelegenheit für ihn. Doch in einer öffentlichen Auktion von 1949 versteigerte er auch diese mühevoll zusammengetragenen Stücke (die er noch vor dem Krieg nach London hatte ausschaffen und in der Zwischenzeit sichern lassen) zugunsten wohltätiger Zwecke.[404] Kreislers letztes öffentliches Konzert fand 1947 statt. Bis 1950 spielte er noch im Rundfunk. Zu seinem 75. Geburtstag wurde der Künstler weltweit geehrt: Glückwunschadressen erreichten ihn vom amerikanischen Präsidenten Harry S. Truman oder von Papst

403 Gabriele Brandstetter, »Die Szene des Virtuosen. Zu einem Topos von Theatralität«, in: dies., Bettina Brandl-Risi/Kai van Eikels, *Szenen des Virtuosen,* Bielefeld 2016, S. 23–56, hier S. 50, 55f.

404 Vgl. Lochner, *Fritz Kreisler* (Anm. 4), S. 310–312.

Pius XII.[405] Die letzten Lebensjahre verbrachte Kreisler, nahezu ohne sehen und hören zu können, und sein Gesundheitszustand verschlechterte sich beständig. Er erlag im Januar 1962 einem Herzleiden. Kreisler, seit 1943 amerikanischer Staatsbürger, wurde auf dem Woodlawn-Friedhof in der Bronx beerdigt. Seine Frau Harriet verstarb ein Jahr nach ihm.

Mendelssohn und andere(s)

Was heute von Kreisler geblieben ist, offenbart sich allenfalls in seinen Kompositionen und seinen Tonaufnahmen. Nur annähernd lässt sich erahnen, welche Wirkung der Geiger zu Lebzeiten im Konzertsaal entfaltet haben muss. Eines seiner Paradestücke war das Violinkonzert von Felix Mendelssohn Bartholdy, das er unzählige Male mit Orchester, aber auch mit Klavierbegleitung aufgeführt hat. Die Besprechung einer Wiener Aufführung vom Januar 1931 sei hier (stellvertretend für viele ähnliche Kritiken) ausführlicher zitiert:

> »Es ist jedesmal die gleiche Bezauberung: der Hörer wird fasziniert durch die ideale künstlerische Ausgewogenheit dieses Geigenspieles, in welchem sich feuriges zigeunerisches Musikantentemperament zu edler tonkünstlerischer Kultur in klassischem Geiste abgeklärt hat, durch diesen herrlichen, von stärkster Nervenkraft erfüllten Geigenton, der wie eine gesegnete Menschenstimme singt und klingt, klagt und frohlockt. (...) Vielleicht beim zweiten Satz des Mendelssohn-Konzerts, den Kreisler so schlicht und innig spielt, ohne Pose, ohne Affektation, mit objektiver Genießerfreude an der absoluten Schönheit der Melodie. Aber nicht weniger schön gelang auch der geradlinig deklamierte und interpretierte erste Satz oder das prickelnde Finale mit seinem virtuosen Flitterwerk. Kurz, in jedem Teile wie im ganzen offenbarte sich Kreislers geigerische Vollkommenheit (...).«[406]

Mendelssohn hatte sein Violinkonzert op. 64 für den befreundeten Geiger Ferdinand David geschrieben und es 1844 von diesem uraufführen lassen. Es war sogleich ein Erfolg und gilt auch heute

405 Vgl. N. N., »Pope and Truman honor Kreisler«, in: *The New York Times*, 2.2.1950, S. 23.

406 Kr., »Konzert Fritz Kreisler«, in: *Neues Wiener Tagblatt* (Tages-Ausgabe), 13.1.1931, S. 10.

noch als das wohl populärste Konzert der Violinliteratur. Der lyrische Mittelsatz ist eine Art »Lied ohne Worte«: Er lässt eine Geigenmelodie zart bestimmt über einem Streicherteppich erklingen. Nach einem bewegten Moll-Kontrastteil wiederholt sich dieselbe Melodie mit der anfänglichen Ruhe. Daraufhin folgt ein Rezitativ der Geige, das eine Vermittlung zwischen dem friedvollen Ernst des 2. Satzes und dem scherzhaft leichten Charakter des Finales herzustellen sucht. Das Rezitativ wird von festlichen Fanfaren der Bläser abgelöst. Sie kündigen einen lebhaften Dialog zwischen Violine und Orchester an, der bald in das rasche thematische Figurenwerk des Schlussteils übergeht.

Am Ende des Mittelsatzes des Konzerts, das Kreisler 1926 mit dem Berliner Staatsopernorchester unter Leitung von Leo Blech aufnahm, ist die Eindringlichkeit von Kreislers Spiel unverkennbar zu hören: Jede Note wird mit einprägsamer Plastik artikuliert, wird als Einzelne sorgfältig geformt und mit einem »Reflex«-Vibrato herausgehoben. Dennoch entsteht der Eindruck eines leicht federnden Schreitens, weil Kreisler den Bogendruck mit jedem Ton zunächst verstärkt und dann wieder zurücknimmt. Die Ruhe des Mittelsatzes lässt so aber bereits die dynamische Spielfreude des Schlussteils erahnen. Dieser Übergang zwischen Mittel- und Finalsatz ist auch in der Frage der Temponahme besonders aufschlussreich: Während jener einen friedvollen, orchestralen Liedcharakter vorstellt, erinnert dieser an die funkelnde Brillanz und überbordende Quirligkeit der *Sommernachtstraum*-Welt. Wie werden diese (vermeintlichen) Missverhältnisse von *Andante, Allegro non troppo* und *Allegro molto vivace* angemessen vermittelbar?

Ein Vergleich zwischen Kreislers Einspielung und einer Aufnahme seines Zeitgenossen Jascha Heifetz (mit dem Dirigenten Arturo Toscanini und dem NBC Symphony Orchestra von 1944) mag an dieser Stelle erhellend sein. Kreisler nimmt das Tempo des 2. Satzes als belebtes *Andante,* wie er überhaupt häufig ruhige Konzertsätze etwas rascher spielt als vorgegeben: Es entsteht dadurch ein lebendiger Puls, der jede Anmutung von Sentimentalität meidet. Für den 3. Satz wählt Kreisler hingegen – gerade umgekehrt – ein überraschend verhaltenes Tempo. Die beiden Sätze, die durch den erwähnten solistischen Übergangsteil der Geige miteinander verbunden sind, nähern sich einander also in der Grundgeschwindigkeit an – und machen dadurch ihre charakterliche wie motivisch-thematische Zusammengehörigkeit erfahrbar. Eine gegensätzliche dramaturgische Strategie wählt Heifetz, der dem betont langsamen, als nachgerade statischen Ruhepol gestalteten Mittelsatz ein erregend rasch artikuliertes Finale folgen lässt, dessen brillante Effekte ihre Wirkung nicht verfehlen. Das lustvolle Parforce-Rennen der Geige ist so gesteigert, dass es mitunter kaum mehr durchhörbar ist und sich in gelegentlich überschlagenden Tonfolgen fortbewegt. Da zu diesem Eindruck auch das offenkundig mehr als Widersacher denn als Teamplayer auftretende Orchester Toscaninis beiträgt, erinnert das Zusammenspiel durchaus an einen sportlichen Wettkampf. Die strategisch kluge Absicht von Heifetz aber ist klar: Je langsamer der mittlere, desto behänder muss auf seiner Grundlage der Schluss-Satz wirken.

Kreisler geht es indessen weniger um eine artistische Überwältigung des Publikums. Sein Ziel ist es nicht, möglichst rasch von einem Höhepunkt zum nächsten zu gelangen: Jeder Ton und jeder Takt scheinen für ihn kostbar zu sein. Nicht ein einziger Klang bleibt unbeachtet oder wird nur flüchtig artikuliert. Kreislers Tempo ist zwar deutlich langsamer als das von Heifetz, doch sein Spiel wirkt trotzdem so, als sei es von unbändiger Spontaneität durchdrungen.[407] Wie lässt sich dieser vermeintliche Widerspruch begründen? Das Ende des an sich zügig vorgetragenen 2. Satzes arbeitet mit einem extremen Ritardando, sodass der Beginn der folgenden Solo-Überleitung dessen Langsamkeit aufnehmen und den Eintritt des Finalthemas noch einmal durch ein weiteres Ritardando verzögern kann. Kreislers Spiel erscheint dabei nicht nur in der Überleitung kontrolliert und durchsichtig. Der Effekt von sprühender Virtuosität und gewandter Leichtigkeit im Finalthema ist erstaunlicherweise ganz ähnlich wie bei Heifetz, weil Kreisler die Tempobeziehung zwischen dem 2. Satz und dem Finale ebenmäßiger auslotet als Heifetz, der es vor allem auf ausgeprägte Geschwindigkeitsunterschiede und ein Ausreizen der Grenzen des Bewältigbaren anlegt. Das bewusst gestaltete *timing* der Aufführungsweise

407 Vgl. Roth, »The King of Violinists« (Anm. 357), S. 27.

Kreislers verzichtet jedoch – zugunsten einer größtmöglichen Unmittelbarkeit, Lebendigkeit und Intensität des Klangs – auf technische Perfektion.

Ähnliches lässt sich übrigens auch an Kreislers Einspielung der »Canzonetta« aus Peter Tschaikowskys Violinkonzert op. 35 von 1924 beobachten. Das 1878 entstandene Stück war wegen seiner genießerisch-sentimentalen Note seit Eduard Hanslicks Kritik der Wiener Erstaufführung als Musik, »die man stinken hört«, berühmt und berüchtigt.[408] Kreisler nun kannte das Stück gut und hat es (mit deutlichen Eingriffen in den Notentext, die Logik und Verständlichkeit fördern sollten) in einer eigenen Edition veröffentlicht.[409] In der Fassung mit Klavier führte er das Stück häufig auf.[410] Der langsame Satz wird bei Kreisler (und seinem Begleiter Carl Lamson) überraschend nüchtern, in jedem Detail ausartikuliert und gerade in seinem Mittelteil mit zügigem Tempo und belebter Dynamik genommen. Wie so oft bei Kreisler erscheint durch die flüssige Grundbewegung die formale Gestalt des Satzes klar überschaubar. Zudem dosiert er den sonst eindringlichen Vibratogebrauch bewusst niedriger. Meistens bewegt sich Kreislers Spiel leicht *vor* dem Puls der Begleitung. Der Eindruck aber, er eile ständig, wird vom vergleichsweise stetig voranschreitenden Tempo unterlaufen, sodass ein maßvoll ausgewogener Gesamteindruck entsteht. Kreisler vermeidet damit gerade die Betonung jedes Einzelklangs der Hauptmelodie zugunsten einer als großen Bogen gedachten Linienführung: Es findet sich keine vom eigenen Spiel berauschte, in sich an- und abschwellende Tongebung, wie dies beispielsweise bei Mischa Elman 1928 zu erleben, und kein gewichtig auftretendes Portato, wie es bei Jascha Heifetz 1920 anzutreffen ist. Kreisler versucht hingegen, die bereits vom Komponisten angefachte *Molto-Espressivo*-Hitzigkeit der Musik durch eine zurückhaltende Noblesse der Melodieführung herunterzukühlen – und damit eine ausgeglichene Gesamtwirkung zu erzielen.

408 Ed.[uard] H.[anslick], »Concerte«, in: *Neue Freie Presse*, 24.12.1881, S. 1 f, hier S. 1.

409 Vgl. hierzu Applebaum, »With the Artists« (Anm. 106), S. 367.

410 Vgl. die entsprechende Einspielung Kreislers von 1924 im Auftrag der RCA sowie H.[anslick], »Concerte« (Anm. 408), S. 1.

Entsprechend aber lässt sich Kreisler weder als berechnender Virtuose noch als Espressivo-Musiker auf einen Nenner bringen. Jede Generation, so betonte der Geiger nach dem Zweiten Weltkrieg, habe die »für sie passenden Ideale«: im Moment seien diese Ideale »gesteigerte Schnelligkeit« und »mechanische Vervollkommnung«.[411] Er selbst legte zwar ebenfalls Wert auf gestalterische Genauigkeit hinsichtlich eines angemessenen Werkverständnisses und im Blick auf die jeweils aktuelle Konzertsituation. Doch interessierten ihn dabei punktuelle Mängel der Intonation oder der Fingerfertigkeit nur in zweiter Linie. Dem Anreiz, auf akrobatische Effekte zu zielen oder Brillanz durch Schnelligkeit zu erzeugen, ist Kreisler nach seiner Jugendzeit kaum mehr erlegen gewesen: »Er rast nicht, sondern er gliedert«, so fasste Flesch diese Einstellung bündig zusammen.[412] Kreislers planmäßig verfolgte Selbsteinschätzung begünstigte nicht etwa die eigene Überheblichkeit, sondern ein erhöhtes Maß an prüfender Aufmerksamkeit dem eigenen Spiel gegenüber: »Nie erreichen wir unser Ziel ganz«, bemerkte er einmal.

> »(U)nd nie können wir unserer eigenen Beurteilung völlig vertrauen. Heute denken wir, daß wir ein Partikelchen der Wahrheit gefunden hätten. Morgen aber zerrinnt die Illusion, und wir sind bitter enttäuscht. Doch das heiße Bemühen ist es, was uns leitet, aufrecht erhält und belebt. Wird freilich die gegenwärtige Norm einer Kunstgattung auch in der nächsten Zeitperiode gültig bleiben? Dem grüble ich manchmal nach und es peinigt mich.«[413]

Der erwachsene Kreisler hat das Virtuose kaum mehr mit Brillanz verwechselt – und eine fortgesetzte Selbstkritik war dabei sein vielleicht entscheidender Begleiter.

Im Vergleich mit Heifetz wird deutlich, wie wesentlich doch die Bühnengegenwart für die Gesamtwirkung des Geigers Kreisler war. Kreisler und Heifetz als die beiden am meisten beachteten Geiger ihrer Zeit waren in dieser Hinsicht höchst unterschiedlich veranlagt. Kreislers singender Ton, das Elastische seiner Phrasierung und

411 Fritz Kreisler, zit. nach Lochner, *Fritz Kreisler* (Anm. 4), S. 314.

412 Flesch, *Erinnerungen eines Geigers* (Anm. 3), S. 89.

413 Downes, »Talk with Kreisler« (Anm. 328), zit. nach Lochner, *Fritz Kreisler* (Anm. 4), S. 253.

des Rhythmusgebrauchs wurden zuallererst mit dem glaubwürdigen Charisma seiner Persönlichkeit verknüpft. »Was ist es, das diesem Künstler die Herzen geneigt macht, warum wird gerade er so leidenschaftlich verehrt und geliebt?«, schreibt ein Kritiker 1927:

> »Die Größe und Universalität seiner Künstlerschaft ist es nicht allein (...). Es liegt ein Etwas in seiner ethischen Persönlichkeit, das hinüberfließt in sein Spiel, das durch sein Spiel sich reizvoll mitteilt und die Atmosphäre schafft, in der die Hörer beglückt atmen, ohne daß es ihnen so recht ins Bewußtsein dringt, woher ihnen eigentlich die Beglückung kommt.«[414]

Entsprechend wurde er dafür geliebt, der von ihm aufgeführten Musik mit teilnehmender Ergebenheit gegenüberzustehen. Umgekehrt brauchte er selbst aber auch die Nähe zum Publikum, um diese Ergebenheit wirksam werden zu lassen. Heifetz' Bühnenausstrahlung muss vergleichsweise nüchtern gewesen sein. Dass Harold C. Schonberg ihn einen »Spielautomaten« nannte,[415] ist den meisten Aufnahmen voller Temperament und Enthusiasmus kaum anzuhören. Nachvollziehbarer ist vielleicht Heifetz' Kontrollwunsch gegenüber Begleitern und Dirigenten, der seinem makellosen Spiel den glanzvollen Vordergrund einer Aufführung sicherte. Kreisler scheint sich hingegen bewusst um einen Ausgleich zwischen Vorder- und Hintergrund zu bemühen:[416] Seine Spielhaltung (auch diejenige mit Orchester) ist in ihrem Gestus dem Kammermusikalischen und weniger dem Solistischen verpflichtet – sie ist die eines »Lyrikers«.[417]

»Wolle und Seide und Baumwolle und Samt«

Ein »Lyriker« ist Kreisler aufgrund seiner feinfühligen Vielseitigkeit. Kaum zufällig bewunderten die Aufmerksamen unter den Geigerkollegen Kreislers bedachte Neigung zu Zwischentönen. Wenn man einen »kaleidoskopischen Überblick über die mannig-

414 [Marschalk], »Kreisler. Einziges Konzert in der Philharmonie« (Anm. 231).

415 »Playing Machine«, Harold C. Schonberg, »Repertory of Legends Immortalizes Jascha Heifetz«, in: *The New York Times* (Section 3), 28.12.1987, S. 20.

416 Vgl. Schoenberg, »Both Great, But Greatly Different« (Anm. 393), S. 23.

417 Vgl. Eggebrecht, *Große Geiger* (Anm. 1), S. 144 bzw. S. 149.

faltigen musikalischen und technischen Finessen« der Geige gewinnen wolle, so Zino Francescatti, dann solle man Kreisler zuhören: Dessen »Spiel vereinigt sie alle in sich«.[418] Und Nathan Milstein betonte, dass Kreisler vor allem auf die »Beschaffenheit der Struktur, gewissermaßen auf das Gewebe seines Spiels bedacht« sei. Joseph Joachim habe zwar zweifellos den Inhalt des Gespielten erfasst: »Aber es schien alles aus Wolle zu bestehen. Bei Fritz Kreisler gibt es Wolle und Seide und Baumwolle und Samt.«[419] Joseph Szigeti sprach von Kreislers »unzähligen Farbtönungen«, der »schillernden Qualität«[420] seines Spiels, und Yehudi Menuhin sah den »typische(n) Kreisler-Klang« »unter der Oberfläche erfüllt von Regungen und Impulsen, von Hinweisen, die aufzufangen die damalige primitive Aufnahmetechnik und ich uns nach Kräften bemühten«.[421]

Das Besondere an Kreislers Geigenton soll also erst durch »Regungen«, »Impulse« und »Hinweise« »*unter* der Oberfläche« der Musik auffindbar sein. *Auf* der Oberfläche entfaltet sich dagegen zunächst ein musikalisches »Theater der Erinnerung« voll sinnlicher Pracht – und der theatrale Umgang Kreislers mit den Medien, der aus ihm eine wandelbare Kunstfigur macht, verstärkt dessen Wirkung noch. Akteure des »Theaters« sind auf der einen Seite die musikalischen Stile der Vergangenheit, die sich aus nostalgisch-formelhaften Gestalten, vom Spätbarock bis zu »Alt-Wien«, zusammensetzen. Was dieses »Theater« aber zum einzigartigen Ereignis macht, ist die anschmiegsame Mischung des Formelhaften, die staunenswerte Brücken zwischen einer Musik beim Heurigen und der eines Salons des 18. Jahrhunderts schlägt. Auf der anderen Seite zeigt das »Theater« bekannte Schuleigenarten und Stilmittel der zeitgenössischen Interpretationspraxis: die Klischees des »Wiener« Gemüts, einer »franko-belgischen« Eleganz und Ausdruckswärme bzw. der »deutschen« Bedachtsamkeit und Mäßigung. Aber auch hier liegt das Bemerkenswerteste »unter der Oberfläche« des Floskelhaften: im Verweben, im Verschränken von vermeintlich Abge-

418 Zino Francescatti, zit. nach Lochner, *Fritz Kreisler* (Anm. 4), S. 291.

419 Nathan Milstein, zit. nach ebd., S. 292.

420 Zit. nach Moser, *Geschichte des Violinspiels* (Anm. 360), S. 313.

421 Yehudi Menuhin, *Unvollendete Reise. Lebenserinnerungen*, München 1979, S. 68.

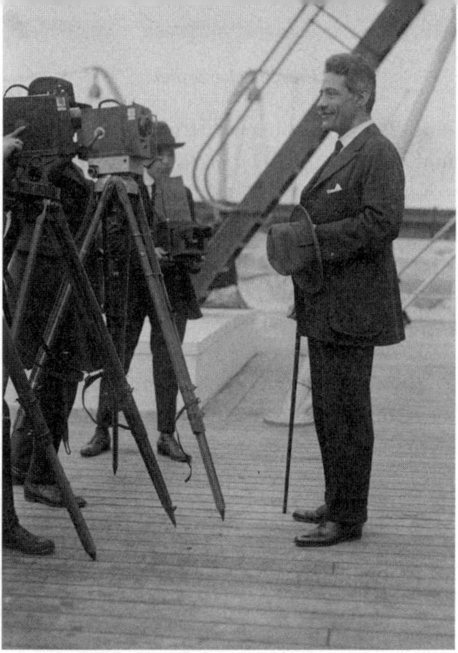

Abb. 14
Fritz Kreisler, ca. 1920

griffenem, das im Moment des Erklingens plötzlich ebenso überraschend wie unausweichlich erscheint und die Zuordnung zu nur einer Schule oder Stilrichtung zum Verwirrspiel macht.

Für Kreisler zeigen sich die wertvollsten Bestandteile seiner Begabung auf »geistigem«, nicht auf »technischem« Gebiet.[422] Wichtiger als tägliche Fingerübungen ist für ihn die »geistige Kontrolle« über das musikalische Geschehen, ein ausgeprägtes »Selbstbewusstsein« gegenüber dem musikalischen Gedanken. Die körperliche Umsetzung des Gedankens bildet daher nur mehr einen zweiten, der geistigen Arbeit untergeordneten Schritt: »Technik«, so Kreislers feste Überzeugung, »ist wirklich eine Sache des Gehirns«.[423] Dass Kreisler etwa im Laufe seines Lebens zahlreiche Instrumente besessen und gespielt hat (von den »Earl of Plymouth«-, »Huberman«-, »Amherst«- oder »Baillot«-Stradivaris über die »Perlman«-Bergonzi bis zu den »Nachez«-, »Portman«- oder »Hart«-Guarneris), hat die Qualität seiner Klangvorstellung kaum beeinträchtigt: Die

422 Flesch, *Erinnerungen eines Geigers* (Anm. 3), S. 90.
423 Fritz Kreisler, zit. nach Applebaum, *The way they play* (Anm. 370), S. 95 f.

jeweilige Geige und die Struktur des Notentextes bildeten gleichermaßen Werkzeuge eines Klangs, den Kreisler (wie früher erwähnt) »in seinem Kopf« hatte und der mittels Finger- und Bogentechnik untrennbar an seine körperliche Gestaltung geknüpft war.

Das Ergebnis ist als »analytisches« Espressivo bezeichnet worden. Die gedankliche Übertragung der zu spielenden Noten in die Handarbeit des Geigers schien Kreisler allerdings so leicht zu fallen, dass sie gerade deswegen Misstrauen hervorrief: weil sie sich um (vermeintliche) technische Schwächen nicht sonderlich kümmerte, weil sie ein offenes Verhältnis zur Tradition und eine unzuverlässige Haltung zum musikalischen Fortschritt pflegte oder weil sie kaum an heroischen Bekenntnissen zur *einen* Wahrheit der Kunst interessiert war. Kreisler wurde auch deswegen als eine Art »Mann ohne Eigenschaften« betrachtet. Sollte diese Zuschreibung aber stimmen, dann wäre Kreisler eigenschaftslos auf eine ganz bewusste und entschlossene Weise. In dem Moment, in dem er die verschiedenartigsten Stilerinnerungen und Interpretationstechniken zum Klingen bringt, treten sie nämlich in eine einleuchtende Verbindung zueinander. Kreislers geistige Klangvorstellung und das körpernahe »Idiom« der Geige werden gleichzeitig erfahrbar: Man kann in jedem einzelnen Augenblick gebannt verfolgen, was die unterschiedlichen Stimmen seiner Geige als Nächstes erzählen werden. Und mit seinen ausgetüftelten Ideen, die in ihrer Lebhaftigkeit wie im Moment erfunden wirken, belegt Kreislers Spiel dasjenige, was die Evidenz des Unwahrscheinlichen genannt wurde: Seine Musik klingt, als staune sie darüber, welche Gedankenfülle sie gerade erst an sich selbst entdeckt hat.

Zur Diskografie

Die einige hundert Titel umfassenden Tondokumente, die Kreisler in der ersten Hälfte des 20. Jahrhunderts aufnahm, erschienen zum größten Teil bei *His Master's Voice* und *Victor Talking Machine Company* (später *RCA Victor*). Neben einer Fülle von Aufnahmen, die unentgeltlich insbesondere auf *youtube.com* gehört werden können, sind derzeit zwei umfassendere Tonträgereditionen verfügbar:

Fritz Kreisler: The Complete Recordings Vol. 1–10, Naxos Historical 8.112064, 2009–2021

Fritz Kreisler: The complete RCA recordings. RCA Victor Gold Seal 09026-61649-2, 1995/2004

Eine Liste der RCA-Tonaufnahmen findet sich unter:

https://adp.library.ucsb.edu/index.php/talent/detail/28240 [zuletzt: 4.4.2022]

Außerdem bieten die umfangreichen Bestände der *Fritz Kreisler Collection* der *Library of Congress* (Washington, D.C.) ebenfalls einige historische Tonaufnahmen: https://www.loc.gov/item/2010563512/ [zuletzt: 4.4.2022]

Eric Wen schließlich hat eine ausgesprochen hilfreiche, umfängliche Diskografie zu Kreislers Studioaufnahmen veröffentlicht: Eric Wen, »Fritz Kreisler. Discography«, in: Amy Biancolli, *Fritz Kreisler. Love's Sorrow, Love's Joy*, Portland, OR 1998, S. 183–216.

Im vorliegenden Buch eingehender besprochen werden folgende Aufnahmen:

Johann Sebastian Bach (arr. August Wilhelmj), »Air« aus der Orchestersuite D-Dur BWV 1068, Fritz Kreisler, Grammophone Typewriter Ltd., Berlin, 2.1904, mat. 2087xCO, cat. G&T 47947.

Johann Sebastian Bach, Gavotte en rondeau aus der E-Dur-Partita BWV 1006, Fritz Kreisler, Carl Lamson, Victor Studios, New York, 8.1.1916, mat. B 8980, cat. Victor 64132.

Johann Sebastian Bach, Präludium aus der E-Dur-Partita BWV 1006, Fritz Kreisler, George Falkenstein, Victor Studios, New York, 18.12.1912, mat. C 12728, mat. Victor 74332.

Ludwig van Beethoven, Konzert für Violine und Orchester D-Dur op. 61, Fritz Kreisler, London Philharmonic Orchestra (Dirigent: Sir John Barbirolli), His Master's Voice, London (Abbey Road Studio No. 1), 16.6./17.6.1936, mat. 2EA 2974/2984, cat. HMV DB 2927[24]/2931[24].

Ludwig van Beethoven, Violinsonate Nr. 1 in D op. 12 Nr. 1, Fritz Kreisler, Franz Rupp, His Master's Voice, London (Abbey Road Studio No. 3), 2.4.1935, mat. 2EA 1377/1381, cat. HMV DB 2554/2556.

Johannes Brahms, Violinkonzert in D-Dur op. 77, Fritz Kreisler, London Philharmonic Orchestra (Dirigent: Sir John Barbirolli), His Master's Voice, London (Abbey Road Studios No. 1), 18.6.1936, mat. 2EA 2986–2992, cat. HMV DB 2915[26]–2918[26].

Joseph Haydn, Austrian Imperial Hymn (»Gott erhalte Franz den Kaiser«), Fritz Kreisler, Victor Studios, New York, 19.1.1915, mat. B 14345, cat. Victor 64408.

Fritz Kreisler, Chanson Louis XIII, Fritz Kreisler, George Falkenstein, Victor Studios, New York, 18.12.1912, mat. B 8981, cat. Victor 64292.

Fritz Kreisler, Liebesleid, Fritz Kreisler, Carl Lamson, Victor Studios, New York, 14.4.1926, mat. CVE 8950, cat. Victor 6608

Fritz Kreisler, The Old Refrain, Fritz Kreisler, Carl Lamson, Victor Studios, New York, 19.1.1914, mat. B 14343.

Fritz Kreisler, Schön Rosmarin, Fritz Kreisler, Franz Rupp, His Master's Voice, London, 15.2.1938, mat. 0EA 6109, cat. HMV DA 1627.

Felix Mendelssohn Bartholdy, Violinkonzert e-moll op. 64, Fritz Kreisler, Berliner Staatskapelle (Dirigent: Leo Blech), His Master's Voice, London, 9.12./10.12.1926, mat. CWR 614–620, cat. HMV DB 997–1000.

Felix Mendelssohn Bartholdy, Violinkonzert, Jascha Heifetz, NBC Symphony Orchestra (Dirigent: Arturo Toscanini), Naxos Historical, New York, 9.4.1944, cat. NAXOS 8.110817.

Wolfgang Amadeus Mozart, Violinkonzert D-Dur KV 218, Fritz Kreisler, London Symphony Orchestra (Dirigent: Landon Ronald), His Master's Voice, Hayes, 1.12.1924/2.12.1924, mat. Cc 5396–5409, cat. HMV DB 815–818.

Peter Tschaikowsky, Violinkonzert D-Dur op. 35, Fritz Kreisler, Carl Lamson, Victor Studios, 18.1.1924/ 24.1.1924, mat. C 29401.

Literaturhinweise

Samuel und Sada Applebaum, *The Way They Play*, Neptune City, NJ 1972, Bd. 1, S. 95–109.

Arnold Craig Bell, *Fritz Kreisler Remembered: A Tribute*, Braunton 1992.

Amy Biancolli, *Fritz Kreisler. Love's Sorrow, Love's Joy*, Portland, OR 1998.

Gabriele Brandstetter, »Die Szene des Virtuosen. Zu einem Topos von Theatralität«, in: dies. u. a. (Hg.), *Szenen des Virtuosen*, Bielefeld 2016, S. 23–56.

Albrecht Dümling, »Fritz Kreisler und der NS-Staat«, in: *musica reanimata* 100 (2020), S. 3–24.

Harald Eggebrecht, »Einer der Könige. Fritz Kreisler«, in: ders., *Große Geiger. Kreisler, Heifetz, Oistrach, Mutter, Hahn & Co.*, München – Zürich 2001, S. 141–152.

Carl Flesch, *Erinnerungen eines Geigers*, Freiburg/Br. – Zürich 1960.

Thomas Füri, »I Pezzi Brevi di Fritz Kreisler sono ancora attuali?«, in: *A tutto arco* 3 (2009), S. 22–29.

Daniel Jütte, »Juden als Virtuosen: Eine Studie zur Sozialgeschichte der Musik sowie zur Wirkmächtigkeit einer Denkfigur des 19. Jahrhunderts«, in: *Archiv für Musikwissenschaft* 66 (2009), S. 127–154.

Fritz Kreisler, *Four Weeks in the trenches: the war story of a violinist*, Boston – New York 1915; deutsche Ausgabe: Fritz Kreisler, *Trotz des Tosens der Kanone. Frontbericht eines Virtuosen*, hg. von Clemens Hellsberg und Oliver Rathkolb, Wien 2015.

Fritz Kreisler, »What life has taught me«, in: William L. Stidger, *The Human Side of Greatness*, New York – London 1940, S. 68–77.

Gustav Kühle, »Fritz Kreisler«, in: *Österreichische Musik- und Theaterzeitung*, 15.4.1890, S. 1–4.

Daniel Leech-Wilkinson, *The Changing Sound of Music*, London 2009.

Andrea Linsbauer, *Das »Wienerische Moment« in den Kompositionen Fritz Kreislers*, Frankfurt/M. 2009.

Louis P. Lochner, *Fritz Kreisler*, New York – London 1950; deutsche Ausgabe: Wien 1957.

Gwang-Lin Peng, *A descriptive thematic catalog of the works of Fritz Kreisler*, Ann Arbor Michigan: UMI Dissertation Services, 2000.

Robert Philip, *Early recordings and musical style: changing tastes in instrumental performance, 1900–1950*, Cambridge 1992.

Tully Potter, »Kreisler's Violins«, in: *Tarisio* 2017, URL: https://tarisio.com/cozio-archive/cozio-carteggio/kreislers-violins/ [zuletzt: 4.4.2022].

Oliver Rathkolb, »Friedrich ›Fritz‹ Max Kreisler – vom Reserveoffizier zum Chronisten des totalen Krieges 1914«, in: Fritz Kreisler, *Trotz des Tosens der Kanone. Frontbericht eines Virtuosen,* Wien 2015, S. 20–27.

Dennis Rooney, »Instictive partnership«, in: *The Strad* 98/1161 (1987), S. 31f.

Cheryl Range Scheidemantle, *The violin of Fritz Kreisler: An analysis and performance guide,* Diss. New York University 1999.

Harold C. Schonberg, »Pablo de Sarasate, Eugène Ysaÿe, Jan Kubelík, and Fritz Kreisler. A Quartet of Violinists«, in: ders., *The Glorious Ones: Classical Music's Legendary Performers,* New York 1985, S. 230–250.

Bruce R. Schueneman, »The Search for the minor Composer: The Case of Fritz Kreisler«, in: *Music Reference Services Quarterly* 5/2 (1996), S. 25–49.

Paul Stein, »Mastering rhythm, rubato, & Kreisler's La précieuse«, in: *Strings* 27/4 (2012), S. 23–27.

Hope Stoddard, »Kreisler on Relativity in Music«, in: *International Musician* (March 1955), S. 10.

Joseph Szigeti, »Memories of Fritz Kreisler«, in: *The Strad* 73 (1962), S. 201–205.

Eric Wen, »Miniature Masterpieces«, in: *The Strad* 98/1161 (1987), S. 54–59.

Zeittafel

1875	2. Februar geboren in Wien als Sohn von Samuel und Anna Kreisler
1882–85	Violinstudium am Wiener Konservatorium bei Joseph Hellmesberger jr.
1885	Gewinn der Goldmedaille des Wiener Konservatoriums
1885–87	Violinstudium in Paris bei Joseph Lambert Massart
1887	Gewinn des Premier Prix des Pariser Konservatoriums
1888–89	USA-Tournee mit dem Pianisten Moriz Rosenthal
1890–96	private Studien, Militärausbildung
1898/98	Debüt mit den Wiener bzw. Berliner Philharmonikern
1902	Heirat mit Harriet Woerz (geb. Lies)
1903–14	zahlreiche Konzertreisen in Europa und den USA; Tonaufnahmen
1910	Erscheinen der *Klassischen Manuskripte*
1910	Solist bei der Uraufführung von Edward Elgars Violinkonzert in London
1914	Kriegsdienst in der österreichisch-ungarischen Armee
1914–18	Wohnsitz in den USA; eingeschränkte Konzerttätigkeit
1919–37	Tourneen durch Europa, die USA, Südamerika, Australien und den Fernen Osten
1924–39	Wohnsitz in Berlin
1932	Uraufführung der Operette *Sissy* in Wien
1933	Auftrittsabsagen und Spielverbot in Deutschland
1935	»Skandal« um die *Klassischen Manuskripte*
1938	Annahme der französischen, 1943 der amerikanischen Staatsbürgerschaft
1940–45	zahlreiche Auftritte zugunsten von wohltätigen Organisationen
1941	Schädelbruch bei Verkehrsunfall in New York City
1942	Rückkehr auf die Konzertbühne in der Carnegie Hall
1944	Radio-Debüt mit dem NBC Symphony Orchestra
1947	Letztes Konzert in der Carnegie Hall
1962	29. Januar gestorben, New York City

Bildnachweis

Abb. 1: Fritz Kreisler Collection, Library of Congress, Washington

Abb. 2: Fritz Kreisler, *Three Cadenzas for the Concerto in D Major for Violin and Orchestra*, op. 61 (Ludwig van Beethoven), New York: Carl Fischer 1980

Abb. 3b: Fritz Kreisler, *Klassische Manuskripte*, Mainz: B. Schott's Söhne 1910

Abb. 4: © Arnold Schönberg Center, Wien

Abb. 5a: Johann Brandl, *Der liebe Augustin. Operette in 3 Acten*, Hamburg: Cranz 1887

Abb. 5b: Fritz Kreisler, *The Old Refrain* für Violine und Klavier, New York: Carl Fischer 1915

Abb. 6: Ludwig van Beethoven, *Violinsonate* op. 12 Nr. 1, hg. von Fritz Kreisler, Mainz: B. Schott's Söhne 1911

Abb. 7: Ludwig van Beethoven, *Violinsonate* op. 12 Nr. 1, hg. von Arnold Rosé, Wien: Universal-Edition [ca.] 1902

Abb. 9: Fritz Kreisler, *Austrian Folk Songs*, New York: Carl Fischer 1915

Abb. 10: Fritz Kreisler, *Farewell to Cucullain (Londonderry Air)*, New York: Carl Fischer 1922

Abb. 11: W. A. Mozart, *D-Dur Violinkonzert* KV 218, hg. von Leopold Auer, New York: Carl Fischer 1921

Abb. 12: Foto: akg-images

Abb. 13: Johannes Brahms, *Sämtliche Werke*, Bd. 5, Leipzig: Breitkopf & Härtel 1926 f.

Abb. 14: Library of Congress Prints and Photographs Division, Washington

Dank

Dank gilt Kolleginnen und Freunden, die das Manuskript zu verbessern und zu bereichern halfen: Allen voran sei Simon Obert gedankt, der den Text mit größter Akribie lektoriert und dabei zugleich wesentliche inhaltliche Hinweise beigesteuert hat. Meine ständige Gesprächspartnerin Eszter Schmidt hat den Arbeitsfortgang mit Korrekturvorschlägen und erhellenden Diskussionen ertragreich begleitet. Nicolai Rhyn unterzog den Text einer sorgfältigen formalen Durchsicht und stellte die Notenbeispiele her. Johannes Fenner vom Verlag edition text + kritik hat die Inverlagnahme des Manuskripts sachkundig begleitet. Studierende des Musikwissenschaftlichen Seminars der Universität Basel sorgten im Rahmen einer Lehrveranstaltung zum Thema für lebendige und anregende Debatten, die das Weiterdenken anspornten. Ihnen allen gilt mein herzlicher Dank. Darüber hinaus sei auch den Archivar:innen der *Library of Congress*, der *Gesellschaft der Musikfreunde*, des Archivs der Universität Wien und des *Arnold Schönberg Center* für ihre hilfreiche Unterstützung gedankt. Dank gebührt schließlich Frederic Kreisler, dem Urgroßneffen von Fritz Kreisler, für die großzügige Genehmigung zur Nutzung der Washingtoner Archivalien und manch wertvolle weiterführende Unterstützung.

M. S.

Personenregister